주 의

⚠️

- 이 책은 오랜 세월 동안 지구를 지배했던 공룡들과 그 외 생물들을 트라이아스기·쥐라기·백악기에 걸쳐 소개한다.

- 랭킹 대결을 통해 각 주제에 맞는 랭킹 1위의 공룡들을 가린다.

- 이 책에 등장하는 121마리 공룡들과 생물들의 이름·특징·크기·능력 등의 다양한 자료는 저술가의 의견에 따라 표시하였다.

恐竜ランキング超大百科
KYORYU RANKING CHO-DAIHYAKKA supervised by Ren Hirayama
Copyright ⓒ2017 live
All rights reserved.
Original Japanese edition published by KANZEN Inc.
This Korean edition is published by arrangement with KANZEN Inc., Tokyo
in care of Tuttle-Mori Agency, Inc., Tokyo through Enters Korea Co., Ltd., Seoul.

이 책의 한국어판 저작권은 (주) 엔터스코리아를 통해 저작권자와 독점 계약한 (주) 글송이에 있습니다.
저작권법에 의하여 한국 내에서 보호를 받는 저작물이므로 무단전재와 무단복제를 금합니다.

2024년 8월 20일 초판 6쇄 펴냄

감수 · 히라야마 렌
옮김 · 김소영

펴낸이 · 이성호
펴낸곳 · (주)글송이

편집/디자인 · 한수정, 이여주, 임주용
마케팅 · 이성갑, 윤정명, 이현정, 문현곤, 이동준
경영지원 · 최진수, 이인석, 진승현

출판 등록 · 2012년 8월 8일 제 2012-000169호
주소 · 서울시 서초구 능안말 1길 1(내곡동)
전화 · 578-1560~1 **팩스** · 578-1562
이메일 · gsibook01@naver.com

ISBN 979-11-7018-426-3   74490
       979-11-7018-425-6   (세트)

* 이 도서의 국립중앙도서관 출판예정도서목록 (CIP) 은 서지정보유통지원시스템 홈페이지 (http://seoji.nl.go.kr) 와
  국가자료종합목록시스템 (http://www.nl.go.kr/kolisnet)에서 이용하실 수 있습니다.(CIP 제어번호 : CIP2018038047)

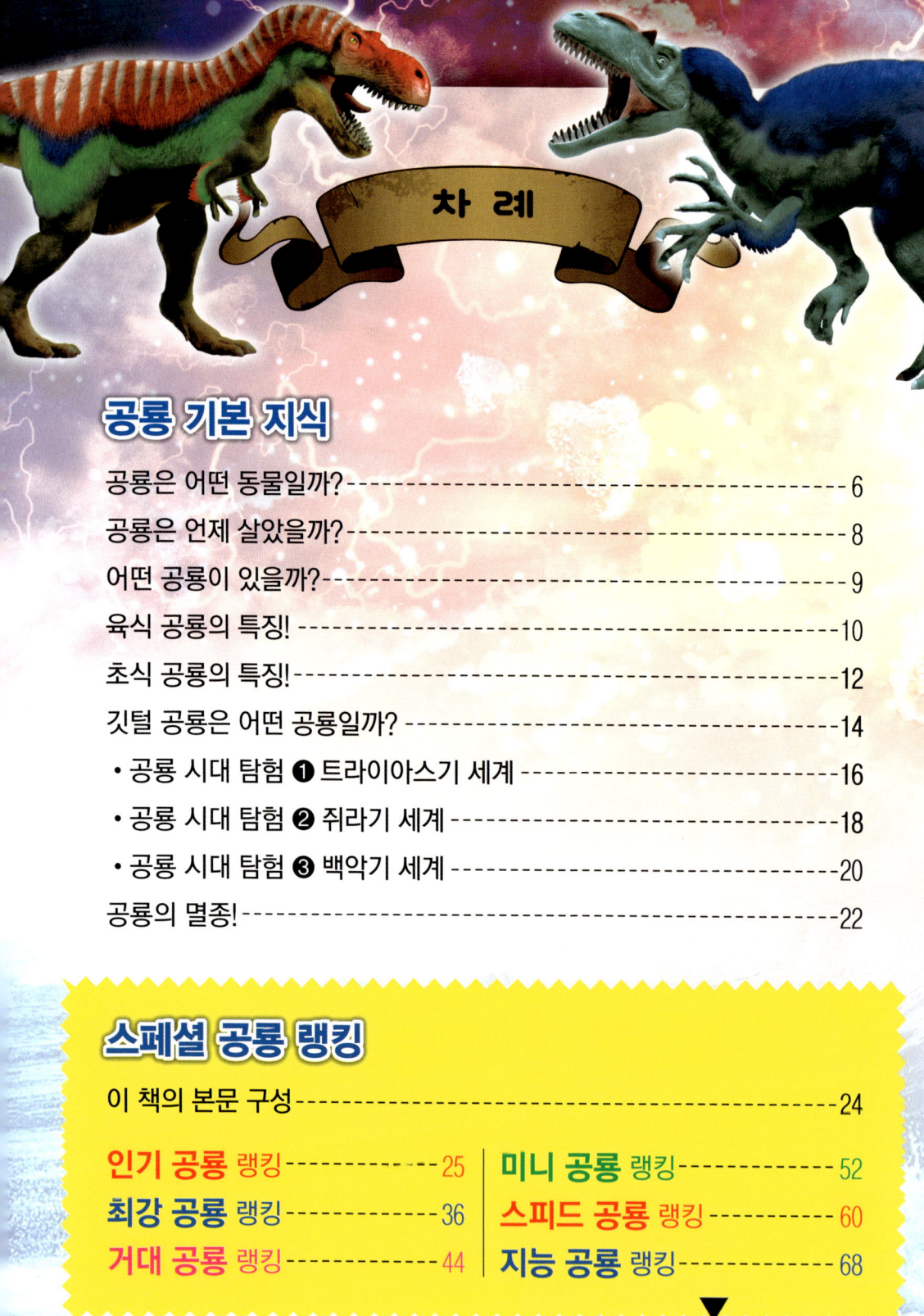

차 례

공룡 기본 지식

- 공룡은 어떤 동물일까? ----------------------------------- 6
- 공룡은 언제 살았을까? ----------------------------------- 8
- 어떤 공룡이 있을까? ------------------------------------- 9
- 육식 공룡의 특징! -------------------------------------- 10
- 초식 공룡의 특징! -------------------------------------- 12
- 깃털 공룡은 어떤 공룡일까? ------------------------------ 14
  - 공룡 시대 탐험 ❶ 트라이아스기 세계 ------------------ 16
  - 공룡 시대 탐험 ❷ 쥐라기 세계 ----------------------- 18
  - 공룡 시대 탐험 ❸ 백악기 세계 ----------------------- 20
- 공룡의 멸종! --- 22

스페셜 공룡 랭킹

- 이 책의 본문 구성 --------------------------------------- 24

인기 공룡 랭킹 ----------- 25	**미니 공룡** 랭킹 ----------- 52
최강 공룡 랭킹 ----------- 36	**스피드 공룡** 랭킹 ---------- 60
거대 공룡 랭킹 ----------- 44	**지능 공룡** 랭킹 ----------- 68

물어뜯기 공룡 랭킹 ········ 72	**깃털 공룡** 랭킹 ··········· 140
뿔 공룡 랭킹 ··············· 80	**최강 하늘 생물** 랭킹 ······· 146
발톱 공룡 랭킹 ············ 88	**최강 바다 생물** 랭킹 ······· 150
엄니 공룡 랭킹 ············ 96	**공룡 외 생물** 랭킹 ········· 154
꼬리 공룡 랭킹 ··········· 104	**고생대 최강 생물** 랭킹 ····· 160
볏 공룡 랭킹 ·············· 112	**신생대 최강 생물** 랭킹 ····· 168
부리 공룡 랭킹 ··········· 120	
박치기 공룡 랭킹 ········ 128	
갑옷 공룡 랭킹 ··········· 132	

🔥 공룡 지식 파일 ··· 172
🔥 공룡 화석 발견 지도 ······································ 173
🔥 공룡 용어 사전 ·· 180
🔥 공룡 색인 ··· 182

공룡은 어떤 동물일까?

공룡 기본 지식 。 공룡은 어떤 동물일까?

공룡이 파충류에서 진화되었다고?

공룡은 지금의 도마뱀이나 뱀, 악어 등과 같은 파충류에서 진화한 동물로 추측된다. 또한 육식 공룡의 몸이나 뼈의 특징은 현재의 새와 비슷한데, 이 때문에 육식 공룡이 진화하여 새가 되었다는 견해가 많다.

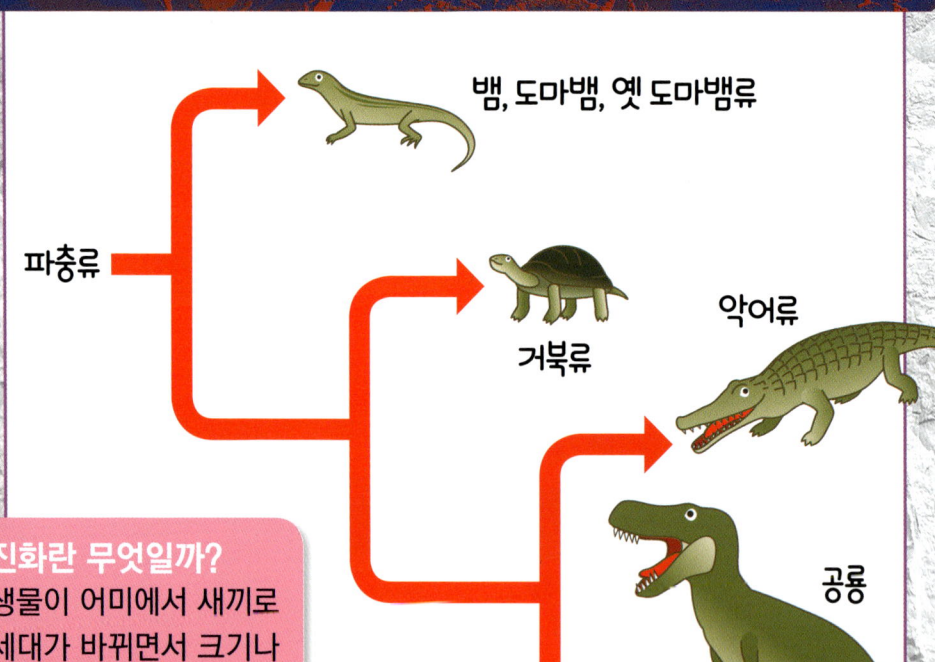

파충류의 계통도

진화란 무엇일까?
생물이 어미에서 새끼로 세대가 바뀌면서 크기나 형태가 변하는 것을 '진화'라고 한다. 진화는 수만 년에 걸쳐 천천히 이루어진다.

공룡과 파충류의 다른 점은?

공룡은 파충류와 비슷한 점이 매우 많지만 다리의 구조는 완전히 다르다.
공룡의 다리는 몸통 아래로 곧게 뻗어 있는 반면, 파충류는 몸통 옆으로 뻗어 있다. 따라서 공룡은 새나 포유류처럼 몸을 쉽게 지탱할 수 있다.

공룡과 파충류의 다리 구조

공룡 — 두 다리로 걷는다

공룡의 다리는 몸통 아래로 곧게 뻗어 있다. 그 결과 몸을 지탱하기 쉬웠고, 두 발로 서서 걷는 공룡들이 많았다.

파충류 — 네 다리로 걷는다

다리가 몸통 옆으로 뻗어 있기 때문에 팔꿈치나 무릎을 굽혀야만 몸통을 지탱할 수 있다. 힘을 빼면 몸통이 바닥에 붙고 만다.

비슷하지만 공룡과 다른 생물!

공룡이 살던 시대에는 공룡이 아닌 다른 생물들도 살았다. 그중에는 하늘을 나는 익룡과 바다에 사는 해양 파충류가 있었다.
이러한 생물들은 공룡은 아니지만 공룡과 매우 비슷한 점이 많았다. 특히 익룡은 공룡과 매우 가까운 파충류이다.

람포린쿠스

모사사우루스

공룡 기본 지식 ○ 공룡은 어떤 동물일까?

공룡은 언제 살았을까?

공룡이 살았던 시대

공룡은 중생대에 번성하였다. 중생대는 약 2억 5200만 년 전부터 약 6600만 년 전까지 이어졌으며 트라이아스기, 쥐라기, 백악기로 나뉜다.
공룡은 각 시대의 환경에 맞게 다양한 모습으로 진화했다.

공룡 기본 지식 。 공룡은 언제 살았을까?

약 6600만 년 전 ▶	백악기	후기	공룡이 가장 진화한 시대이다. 티라노사우루스, 트리케라톱스 등 많은 공룡의 화석이 발견되었다.
약 1억 년 전		전기	이구아노돈이나 테논토사우루스 등과 같은 조각류 공룡이 늘었다. 깃털이 달린 공룡도 잇따라 등장했다.
약 1억 4500만 년 전 ▶	쥐라기	후기	알로사우루스나 아파토사우루스 등 대형 공룡이 많이 등장했다.
약 1억 6300만 년 전 ▶		중기	마멘키사우루스 등이 살았지만 발견된 화석의 종류는 매우 적다.
약 1억 7400만 년 전 ▶		전기	딜로포사우루스나 스켈리도사우루스 등 원시 공룡이 살았다.
약 2억 100만 년 전 ▶	트라이아스기	후기	코엘로피시스나 에오랍토르 같은 공룡의 조상이 등장했다.
약 2억 3700만 년 전 ▶		중기	가장 오래된 공룡 계통의 화석이 발견된 시대이다.
약 2억 4700만 년 전 ▶		전기	파충류 화석은 발견되었지만 공룡은 발견되지 않았다.
약 2억 5200만 년 전 ▶			

어떤 공룡이 있을까?

공룡의 종류

공룡은 엉덩이뼈의 모양에 따라 크게 2종류로 나뉜다. 도마뱀과 유사한 엉덩이뼈를 가진 공룡을 '용반류', 새와 유사한 엉덩이뼈를 가진 공룡을 '조반류'라고 한다. 용반류에는 수각류와 용각류가 있고, 조반류에는 장순아목과 조각류, 주식두류가 있다.

공룡의 분류도

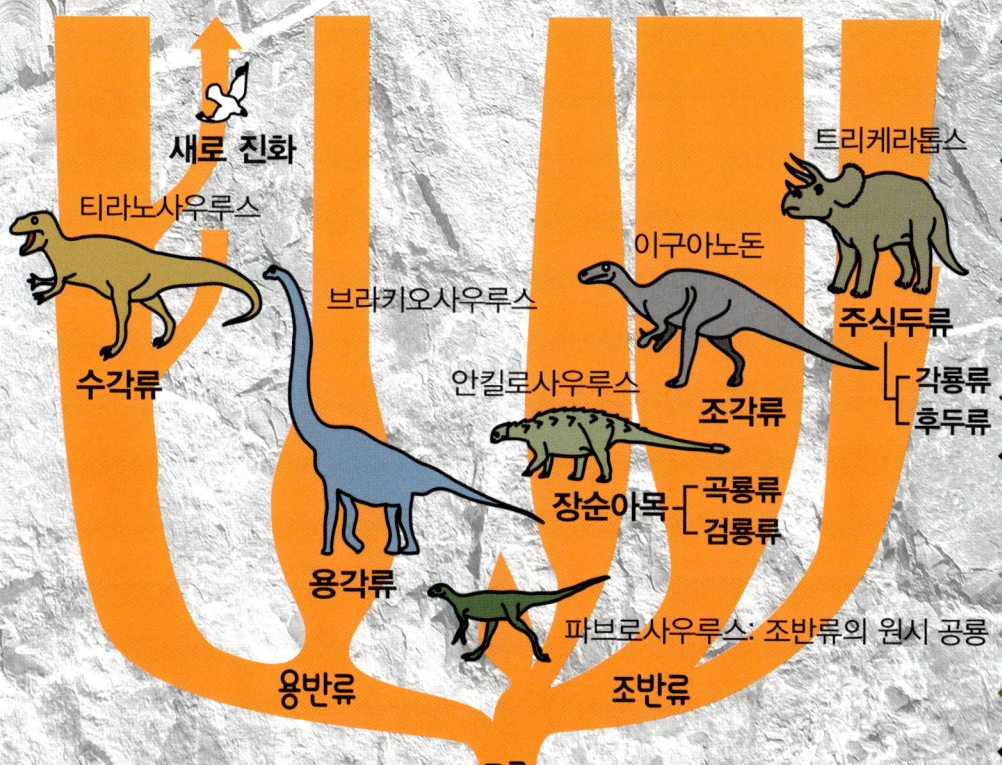

공룡 기본 지식 。 어떤 공룡이 있을까?

육식 공룡의 특징!

육식 공룡은 어떤 신체적 특징이 있을까?

모든 육식 공룡은 수각류에 속한다. 대부분 두 다리로 서서 빠르게 달릴 수 있으며, 적이나 먹잇감을 공격할 때 사용하는 엄니와 발톱이 발달하였다. 또한 시각이나 후각도 발달했다고 추측된다.

공룡 기본 지식 ○ 육식 공룡의 특징!

깃털의 흔적
육식 공룡의 화석 중에는 깃털의 흔적을 확인할 수 있는 것이 많다. 이것으로 대부분의 육식 공룡에게 깃털이 났을 거라는 가능성이 높아졌다.

깃털 공룡은 14페이지에서 소개한다!

커다란 갈고리발톱
뒷발에는 크고 매서운 갈고리발톱이 있다. 먹잇감을 잡거나 적과 싸울 때 무기로 사용한다.

소형 수각류
트로오돈

초식 공룡의 특징!

초식 공룡은 어떤 신체적 특징이 있을까?

식물을 소화하려면 내장이 커야 하기 때문에 초식 공룡 중에는 몸집이 크게 진화한 공룡이 많다. 커다란 몸은 육식 공룡으로부터 몸을 지키는 데도 도움이 된다. 또한 뿔이나 꼬리가 발달하여 육식 공룡에 맞서 싸운 공룡도 있다.

용각류
마멘키사우루스

공룡 기본 지식 ◦ 초식 공룡의 특징!

식물을 먹기에 편리한 입과 이빨

새의 부리를 닮은 입 모양, 입 안에 가득 차 있는 이빨 등 풀을 뜯어먹기에 편리한 형태로 진화했다. 원시적인 초식 공룡은 풀을 통째로 삼키지만, 진화한 공룡은 평평한 어금니로 으깨서 삼킨다.

곡룡류
안킬로사우루스

육식 공룡에 맞서 싸우기 위한 무기
몸집이 크고 무거운 초식 공룡은 발이 느리기 때문에 뼈로 된 곤봉이나 꼬리에 달린 골침을 무기로 삼아 몸을 보호한다. 이러한 무기는 다른 공룡과 힘을 겨룰 때도 사용한다.

공룡 기본 지식. 초식 공룡의 특징!

무거운 몸을 받치는 다리
크고 무거운 몸을 지탱하기 위해 네 다리로 걷는 공룡이 많다. 두 다리로 설 수 있는 공룡도 평소에는 네 다리로 걷는다.

깃털 공룡은 어떤 공룡일까?

공룡 기본 지식。 깃털 공룡은 어떤 공룡일까?

새와 같은 깃털이 났다고?

공룡의 모습은 연구자들이 화석을 보고 상상한 것이다. 처음에는 도마뱀이나 악어를 참고했기 때문에 공룡의 몸은 비늘로 덮여 있다고 상상했다. 하지만 1996년에 중국 랴오닝성에서 깃털 흔적이 있는 화석을 발견하면서 현재는 다양한 공룡이 새처럼 깃털로 덮여 있었을 거라고 추측하게 되었다.

깃털 화석의 첫 발견
시노사우롭테릭스

대형 수각류에서의 첫 발견
유티라누스

어떤 공룡에게 깃털이 났을까?

처음으로 깃털이 확인된 공룡은 시노사우롭테릭스였기 때문에 소형 수각류에만 깃털이 났을 거라고 생각했다. 하지만 그 뒤, 대형 수각류인 유티라누스나 조각류인 쿨린다드로메우스 등의 화석에도 깃털 흔적이 발견되었고, 지금도 깃털 공룡은 점점 늘어나고 있다.

조각류에서 발견된 첫 번째 깃털 공룡
쿨린다드로메우스

공룡 시대에 살았던 새의 조상
아르케옵테릭스

새는 공룡에서 진화했다고?

깃털 공룡 중에서도 특히 소형 수각류는 현재의 새와 흡사한 특징이 많다. 이 때문에 현재의 새는 소형 수각류에서 진화했다고 보는 견해가 많다.

공룡 기본 지식 。 깃털 공룡은 어떤 공룡일까?

공룡 시대 탐험 ❶
트라이아스기 세계
약 2억 5200만 년 전~약 2억 100만 년 전

플라테오사우루스
원시 용각류이며 뒷다리로 서서 걸을 수 있다.

무리를 지어 다니는
플라테오사우루스!

리리엔스터누스
트라이아스기의 최대급 육식 공룡이다.

먹잇감을 노리는 리리엔스터누스!

이런 공룡도 있다!

테코돈토사우루스

안테토니트루스

공룡은 트라이아스기 중기에서 후기에 걸쳐 처음으로 등장했다. 트라이아스기는 지금보다 기온이 높고, 건조한 기후였다. 그나마 물 주변에는 풀이 나 있어서 초식 공룡들이 모여들었고, 이 때문에 초식 공룡을 노리는 육식 공룡도 따라 접근했다. 이 시대에 가장 번성했던 생물은 공룡이 아니라 건조한 기후에 강한 대형 파충류였다.

먹잇감의 허점을 엿보는 케라토사우루스!

케라토사우루스
자신보다 몸집이 큰 공룡도 공격하는 포악한 육식 공룡이다.

쥐라기는 따뜻하고 습기가 많은 기후로 동식물이 점점 커지던 시대이다. 은행나무나 소철나무 등이 늘어나 숲을 이뤘고, 먹이가 풍부해진 초식 공룡들은 점점 몸집이 커졌다. 이에 따라 육식 공룡들도 먹잇감인 초식 공룡에 뒤지지 않을 만큼 커졌다. 또한 공룡의 종류도 늘었는데, 후기에는 원시 조류도 등장했다.

이런 공룡도 있다!

브라키오사우루스

알로사우루스

공룡 시대 탐험 ❸ 백악기 세계

약 1억 4500만 년 전~약 6600만 년 전

강적에게 뿔로 맞서는 트리케라톱스!

트리케라톱스
가장 몸집이 큰 각룡이며, 3개의 뿔을 자랑한다.

트리케라톱스 무리를 덮치는 티라노사우루스!

티라노사우루스
'공룡왕'으로 불리는 최대급 육식 공룡이다.

이런 공룡도 있다!

파라사우롤로푸스

데이노니쿠스

아주 먼 옛날 지구는 하나의 대륙으로 되어 있었다. 하지만 트라이아스기 무렵부터 분열이 일어났고, 백악기에 와서는 여러 대륙으로 나뉘게 되었다. 공룡들은 환경에 맞춰 진화를 거듭하였고, 쥐라기 시대보다 그 종류가 더 늘었다. 용각류는 줄었지만 육식 공룡은 점점 몸집이 커져서 최대급 공룡도 등장했다.

공룡의 멸종!

공룡 기본 지식。공룡의 멸종!

모습을 감춘 공룡들

공룡들은 중생대에 다양한 형태로 진화하여 번성하였지만, 결국 약 6600만 년 전에는 멸종하고 말았다. 그 이유는 아직 명확하지는 않지만 지구의 환경이 갑자기 크게 변화하면서 공룡이 이 변화에 적응하지 못했기 때문이라고 한다.

환경 변화가 일어난 원인

거대 운석의 충돌
거대한 운석이 충돌하면서 대량의 먼지가 온 하늘을 뒤덮었다. 이 먼지가 태양빛을 가로막았고, 기후에 변화가 생겼다.

화산의 대분화
화산 활동으로 연기나 먼지가 생겨 환경이 변화했다. 이로 인해 식물이 말라 죽었고, 초식 공룡은 살 수 없게 되었다. 결국 초식 공룡을 먹는 육식 공룡까지 사라지게 되었다.

이 책의 본문 구성

- ❶ **순위:** 랭킹의 종류와 순위를 나타낸다.
- ❷ **이름:** 이름을 한글과 알파벳으로 나타낸다.
- ❸ **학명의 뜻:** 어떻게 이름이 붙여졌는지, 이름에 담긴 뜻을 설명한다.
- ❹ **분류:** 어떤 그룹에 포함되는지 나타낸다.
- ❺ **시대:** 중생대의 어느 시대에 살았는지 표시한다.
- ❻ **공룡 일러스트:** 살아 있을 때의 모습을 상상한 그림이다.
- ❼ **크기:** 몸길이와 몸통의 높이를 알려 준다. 키가 170cm인 사람과 크기를 비교할 수 있다.
- ❽ **능력치:** 6가지 능력을 10단계로 평가한다.
- **파워:** 힘의 세기를 나타낸다.
- **공격:** 공격력이 얼마나 높은지 나타낸다. 발톱이나 엄니, 뿔 등의 무기를 지닌 공룡은 평가가 올라간다.
- **스피드:** 달릴 때 얼마나 빠른지, 움직임이 얼마나 재빠른지 나타낸다.
- **지능:** 머리가 얼마나 좋은지 나타낸다.
- **방어:** 방어력이 얼마나 높은지 나타낸다.
- **체격:** 몸의 크기나 다부진 정도를 나타낸다.
- ❾ **체크 포인트:** 몸의 특징에서 눈에 띄는 부분을 설명한다.
- ❿ **특징:** 어떤 공룡인지 가장 큰 특징을 설명한다.

티라노사우루스
TYRANNOSAURUS

1위 인기 공룡

인기 공룡 랭킹 1위

작은 앞발
거대한 몸에 비해 앞발은 상당히 작다. 앞발에는 날카로운 발톱 2개가 있다.

◆ 크 기 ◆
- 몸높이 3.8~4m
- 몸길이 11~12.5m

◆ 능력치 ◆
파 워	●●●●●
공 격	●●●●●
스피드	●●●○○
지 능	●●●●○
방 어	●●●●○
체 격	●●●●●

학명의 뜻	폭군 도마뱀
분류	수각류
시대	백악기 후기

날카롭게 휘어진 이빨
턱에 빽빽이 난 이빨은 바나나처럼 휘었다. 길이는 약 15cm이다.

최고의 인기를 누리는 백악기 공룡왕!

인기 공룡 랭킹 1위

튼튼하고 다부진 뒷다리
튼튼한 뒷다리로 거대한 몸을 지탱한다. 무거운 몸에 비해 빨리 달릴 수 있다.

◆ 특 징 ◆
튼튼해 보이는 턱에는 날카로운 이빨이 빽빽하다. 거대한 몸과 포악한 성질 때문에 '공룡왕'으로 불린다.

트리케라톱스
TRICERATOPS

2위 인기 공룡

인기 공룡 랭킹 2위

3개의 뿔
눈 위에 달린 2개의 뿔은 각룡 중 가장 길며, 강력한 무기이다.

◆ 크 기 ◆
몸높이 2~3m
몸길이 7~10m

◆ 능력치 ◆
파 워	🔴🔴🔴🔴🔴
공 격	🔴🔴🔴🔴🔴
스피드	🔴🔴⚪⚪⚪
지 능	🔴🔴🔴🔴⚪
방 어	🔴🔴🔴⚪⚪
체 격	🔴🔴🔴⚪⚪

학명의 뜻	3개의 뿔이 달린 얼굴
분류	각룡류
시대	백악기 후기

구멍이 없는 프릴
다른 각룡과는 달리 커다란 프릴에는 구멍이 없다.

3개의 강력한 뿔로 적의 몸을 뚫는다!

인기 공룡 랭킹 2위

다부진 체격
코뿔소와 닮아 체격이 다부지고, 힘이 넘친다.

◆ 특 징 ◆
눈과 코 위에 3개의 뿔이 났다. 각룡 중에서 몸집이 가장 크고 다부지다. 몸집만큼 힘도 넘친다.

스테고사우루스
STEGOSAURUS

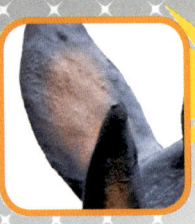

오각형 골판
골판에는 혈관이 지나가며, 체온 조절이나 적을 위협할 때 사용한다.

목을 보호하는 뼈 갑옷
목 아래에 모여 있는 뼈 알들이 갑옷 역할을 하여 약점을 보호한다.

학명의 뜻	지붕 도마뱀
분류	검룡류
시대	쥐라기

골판과 꼬리 가시로 자신을 보호하다!

인기 공룡 랭킹 **3위**

무기로 쓰인 4개의 가시
꼬리 가시의 길이는 약 60cm이며, 가장 강력한 무기이다.

◆ 크 기 ◆
몸높이 2~2.5m
몸길이 7~9m

◆ 능력치 ◆
파 워	🔥🔥🔥🪨🪨
공 격	🔥🔥🔥🔥🪨
스피드	🔥🪨🪨🪨🪨
지 능	🔥🔥🪨🪨🪨
방 어	🔥🔥🔥🔥🔥
체 격	🔥🔥🔥🪨🪨

◆ 특 징 ◆
검룡류 중에서는 몸집이 가장 크다. 등에 커다란 골판이 늘어서 있고, 꼬리 가시를 휘둘러 적을 공격한다.

4위 인기공룡 브라키오사우루스
BRACHIOSAURUS

이마에 달린 콧구멍
이마에는 코뼈가 볼록하게 튀어나와 있고, 이곳에 콧구멍이 있다.

하루에 2톤 이상의 나뭇잎을 먹어 치우다!

뒷다리보다 긴 앞다리
앞다리가 뒷다리보다 길어서 어깨 위치가 높다. 따라서 몸이 더 거대해 보인다.

인기 공룡 랭킹 4위

◆ 크 기 ◆
몸높이 7m
몸길이 26m

◆ 능력치 ◆
파 워	●●●●○
공 격	●●●○○
스피드	●○○○○
지 능	●●○○○
방 어	●●●●○
체 격	●●●●●

◆ 특 징 ◆
가장 무거운 공룡 중 하나이다. 약 12m인 기다란 목 덕분에 높은 나무에 달린 잎을 자유롭게 먹을 수 있다.

5위 사이카니아
인기 공룡 SAICHANIA

온몸을 덮은 가시 갑옷
등에서 앞다리까지 덮여 있는 가시 갑옷 덕분에 방어에 빈틈이 없다.

인기 공룡 랭킹 5위

◆ 크 기 ◆
몸높이 1.2~1.3m
몸길이 5~6m

◆ 능력치 ◆
파 워	🔥🔥🔥🥚🥚
공 격	🔥🔥🔥🔥🥚
스피드	🔥🥚🥚🥚🥚
지 능	🔥🔥🔥🥚🥚
방 어	🔥🔥🔥🔥🔥
체 격	🔥🔥🥚🥚🥚

학명의 뜻	아름다운 것
분류	곡룡류
시대	백악기 후기

인기 공룡 랭킹 5위

강력한 무기, 뼈 곤봉
꼬리 끝에 달린 뼈로 된 곤봉으로 적에게 반격한다.

가시 갑옷으로 철·벽·방·어!

납작한 몸
머리나 몸통이 옆으로 퍼져 있다. 자세까지 낮아서 더 납작해 보인다.

◆ 특 징 ◆
곡룡류 중에서도 특히 방어에 강하다. 등에서 앞다리까지 가시가 달린 딱딱한 갑옷으로 덮여 있어 단단하다.

1위 티라노사우루스
TYRANNOSAURUS

학명의 뜻	폭군 도마뱀
분류	수각류
시대	백악기 후기

적을 물어뜯는 강력한 턱
이빨이 날카롭고 씹는 힘이 강하다. 한번 문 사냥감은 절대 놓치지 않는다.

몸에 비해 매우 작은 앞발
주로 강력한 턱만을 사용했기 때문에 앞발이 작아졌을지도 모른다.

세계에서 가장 포악한 공룡의 제왕!

최강 공룡 랭킹 1위

◆ 크 기 ◆
몸높이 3.8~4m
몸길이 11~12.5m

◆ 능력치 ◆
파 워	●●●●●
공 격	●●●●●
스피드	●●●◯◯
지 능	●●●◯◯
방 어	●●●●◯
체 격	●●●●◯

◆ 특 징 ◆
포악한 성질의 육식 공룡이다. 매서운 이빨이 빽빽이 난 튼튼한 턱으로 어떤 상대든 단숨에 물어뜯는다.

2위 시아츠
SIATS

최강 공룡

학명의 뜻	유타주 전설의 괴물
분류	수각류
시대	백악기 후기

최강 공룡 랭킹 2위

큰 몸집과 빠른 발
북아메리카의 육식 공룡 중에서는 3번째로 크다. 발도 빨라서 사냥을 잘한다.

갈고리발톱이 달린 긴 앞발
대형 육식 공룡 중에서는 앞발이 길다. 갈고리발톱은 턱 못지않은 강력한 무기이다.

미국의 거대한 육식 공룡!

◆ 크 기 ◆
몸높이 2.7m
몸길이 9m

◆ 능력치 ◆
파 워	●●●●○
공 격	●●●●○
스피드	●●●○○
지 능	●●○○○
방 어	●●●○○
체 격	●●●○○

◆ 특 징 ◆
티라노사우루스가 나타나기 전에 북아메리카에 살았던 대형 육식 공룡이다. 알로사우루스 계통의 공룡이다.

3위 알로사우루스
ALLOSAURUS

최강 공룡

학명의 뜻	특별한 도마뱀
분류	수각류
시대	쥐라기

칼처럼 매서운 이빨
큰 입에 빼곡하게 나 있는 이빨은 칼처럼 매우 날카롭다.

최강 공룡 랭킹 3위

쥐라기 절대 강자! 쥐라기 시대를 지배한

먹잇감을 잡는 강력한 앞발
앞발은 백악기 시대의 육식 공룡보다 크며, 사냥할 때 주로 사용한다.

◆ 크 기 ◆
몸높이 1.8~3m
몸길이 7~11m

◆ 능력치 ◆
파워	●●●●●
공격	●●●●●
스피드	●●●○○
지능	●●●○○
방어	●●●○○
체격	●●○○○

◆ 특 징 ◆
쥐라기 시대의 최대급 육식 공룡이다. 앞발이 크고, 날카로운 엄니와 발톱을 사용해 사냥을 한다.

4위 카르카로돈토사우루스
CARCHARODONTOSAURUS

최강 공룡

학명의 뜻	상어 이빨 도마뱀
분류	수각류
시대	백악기 후기

최강 공룡 랭킹 4위

상어와 닮은 날카로운 이빨
상어 이빨과 닮았다. 특히 끝이 뾰족한 이빨은 칼처럼 예리하다.

두껍고 다부진 몸
두껍고 다부진 몸으로 커다란 머리를 받친다. 앞발은 작고, 발가락이 3개 있다.

예리한 엄니를 가진 거대 공룡!

◆ 크 기 ◆
몸높이 4m
몸길이 13m

◆ 능력치 ◆
파 워	🩸🩸🩸🩸🩸
공 격	🩸🩸🩸🩸🩸
스피드	🩸🩸🩸⚪⚪
지 능	🩸🩸🩸⚪⚪
방 어	🩸🩸🩸🩸⚪
체 격	🩸🩸🩸🩸⚪

◆ 특 징 ◆
아프리카 최대급 육식 공룡이다. 알로사우루스 계통이며 머리가 크고, 예리한 엄니가 특징이다.

5위 최강 공룡

스피노사우루스
SPINOSAURUS

강력한 턱과 이빨로 적을 위협하다!

몸높이 4~5.5m
몸길이 10~14m

학명의 뜻	가시 도마뱀
분류	수각류
시대	백악기 후기

◆ 능력치 ◆
- 파 워 ●●●●●
- 공 격 ●●●●●
- 스피드 ●●○○○
- 지 능 ●●●○○
- 방 어 ●●●○○
- 체 격 ●●●●○

◆ 특 징 ◆
육식 공룡 중 몸집이 가장 크다. 등에는 부채 모양의 돛과 비슷한 돌기가 있다.

최강 공룡 랭킹

5위

6위

6위 최강 공룡

카르노타우루스
CARNOTAURUS

황소 뿔을 가진 남아메리카의 맹수!

몸높이 1.8m
몸길이 8m

학명의 뜻	육식 황소
분류	수각류
시대	백악기 전기

◆ 능력치 ◆
- 파 워 ●●●●○
- 공 격 ●●●●○
- 스피드 ●●●○○
- 지 능 ●●●○○
- 방 어 ●●○○○
- 체 격 ●●●○○

◆ 특 징 ◆
황소처럼 뿔이 2개 있고, 튼튼한 뒷다리와 꼬리를 가졌다. 씹는 힘이 강하다.

콘카베나토르
CONCAVENATOR

학명의 뜻	쿠엔카의 사냥꾼
분류	수각류
시대	백악기 전기

◆ 능력치 ◆
- 파 워 ●●●○○
- 공 격 ●●●●○
- 스피드 ●●●●○
- 지 능 ●●●○○
- 방 어 ●●○○○
- 체 격 ●●●○○

◆ 특 징 ◆
몸길이는 약 6m로 등에 혹이 나 있다. 매서운 엄니와 빠른 발을 자랑한다.

등에 혹이 달린 스페인 사냥꾼!

몸높이 2m
몸길이 6m

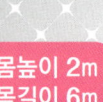

케라토사우루스
CERATOSAURUS

학명의 뜻	뿔이 있는 도마뱀
분류	수각류
시대	쥐라기

◆ 능력치 ◆
- 파 워 ●●●●○
- 공 격 ●●●●○
- 스피드 ●●●○○
- 지 능 ●●●○○
- 방 어 ●●○○○
- 체 격 ●●●●○

◆ 특 징 ◆
알로사우루스와 견줄 만한 쥐라기의 육식 공룡이다. 이마와 콧등에 뿔이 있다.

얼굴에 뿔이 있는 포악한 암살자!

몸높이 1.7~3m
몸길이 6~10m

9위 최강 공룡 크리올로포사우루스
CRYOLOPHOSAURUS

학명의 뜻	차가운 볏을 가진 도마뱀
분류	수각류
시대	쥐라기

◆ 능력치 ◆
- 파 워 ●●●●○
- 공 격 ●●●○○
- 스피드 ●●○○○
- 지 능 ●●●○○
- 방 어 ●●○○○
- 체 격 ●●●○○

◆ 특 징 ◆
남극에서 발견된 육식 공룡이다. 이마에 난 부채 모양의 작은 볏이 특징이다.

부채 모양의 볏을 가진 남극의 포식자!

몸높이 1.7m
몸길이 6m

최강 공룡 랭킹

 9위

 10위

10위 최강 공룡 바리오닉스
BARYONYX

학명의 뜻	무거운 발톱
분류	수각류
시대	백악기 전기

◆ 능력치 ◆
- 파 워 ●●●●●
- 공 격 ●●●●○
- 스피드 ●●●○○
- 지 능 ●●●○○
- 방 어 ●●●○○
- 체 격 ●●●○○

◆ 특 징 ◆
악어처럼 긴 얼굴과 뾰족한 이빨은 물고기를 잡는 데 적합하다.

강한 앞다리와 발톱으로 먹잇감을 잡는다!

몸높이 2.4m
몸길이 8m

1위 사우로포세이돈
SAUROPOSEIDON

거대 공룡

학명의 뜻	포세이돈의 도마뱀
분류	용각류
시대	백악기 전기

큰 키와 긴 앞다리
앞다리는 뒷다리보다 길다. 목 길이만 11~12m로 추측된다.

바다의 신 이름을 가진 거대 공룡!

거대 공룡 랭킹 1위

공룡 중 최대의 목뼈
목뼈는 지금까지 발견된 공룡 중에서 최대이다. 현재는 목뼈만 발견되었다.

◆ 크 기 ◆
- 몸높이 10m
- 몸길이 30m

◆ 능력치 ◆
파 워	●●●●○
공 격	●●●●○
스피드	●○○○○
지 능	●●○○○
방 어	●●●●○
체 격	●●●○○

◆ 특 징 ◆
브라키오사우루스 계통의 공룡이다. 목뼈의 크기로 예상하면 몸길이는 30m 이상으로 추측된다.

2위 거대공룡 디플로도쿠스

학명의 뜻	2개의 기둥
분류	용각류
시대	쥐라기

거대 공룡 랭킹 2위

길고 가벼운 목
목뼈의 속이 비어 있어 그만큼 가볍다. 목이 길어 자유롭게 움직일 수 있다.

긴 꼬리를 채찍처럼 휘둘러 공격하다!

강력한 힘을 가진 꼬리
몸길이의 절반 이상을 차지하는 꼬리는 긴 채찍처럼 잘 휘어서 힘이 넘친다.

◆크 기◆
몸높이 3.2~3.8m
몸길이 20~27m

◆능력치◆
파 워	●●●●○
공 격	●●●○○
스피드	●●○○○
지 능	●●●○○
방 어	●●●●●
체 격	●●●●●

◆특 징◆
목과 꼬리가 길어서 몸길이로 따지면 최대급 공룡이다. 목의 근육이 발달해 목을 자유롭게 움직일 수 있다.

3위 거대 공룡 아르젠티노사우루스
ARGENTINOSAURUS

- **학명의 뜻**: 아르헨티나 도마뱀
- **분류**: 용각류
- **시대**: 백악기 후기

거대한 등뼈
등뼈 1개의 무게가 약 100kg일 정도로 거대한 공룡이다.

거대한 몸집의 슈퍼급 공룡!

거대 공룡 랭킹 3위

굵고 긴 네 다리
약 70톤의 거대한 몸무게를 지탱하기 위해 굵고 긴 네 다리로 걷는다.

♦ 크 기 ♦

몸높이 10m
몸길이 30m

♦ 능력치 ♦
- 파워: 🩸🩸🩸🩸⚪
- 공격: 🩸🩸⚪⚪⚪
- 스피드: 🩸⚪⚪⚪⚪
- 지능: 🩸🩸⚪⚪⚪
- 방어: 🩸🩸🩸⚪⚪
- 체격: 🩸🩸🩸🩸🩸

♦ 특 징 ♦
지구에 살았던 공룡 중 가장 덩치가 크다고 알려졌다. 이 거대한 몸집을 지탱하기 위해 네 다리로 걷는다.

4위 마멘키사우루스
거대 공룡
MAMENCHISAURUS

학명의 뜻	마멘키 도마뱀
분류	용각류
시대	쥐라기

거대 공룡 랭킹 4위

몸길이의 반 이상을 차지하는 목
목의 길이가 몸길이의 반 이상을 차지할 정도로 길다. 목뼈도 19개나 된다.

육중한 몸집으로 적을 방어하다!

긴 꼬리로 방어
거대한 몸집과 긴 꼬리로 육식 공룡의 공격을 쉽게 막아 낼 수 있다.

◆ 크 기 ◆
몸높이 3.2~3.8m
몸길이 20~27m

◆ 능력치 ◆
- 파 워 ●●●●○
- 공 격 ●●●○○
- 스피드 ●○○○○
- 지 능 ●●○○○
- 방 어 ●●●●○
- 체 격 ●●●●●

◆ 특 징 ◆
몸에 비해 머리가 작고, 균형을 잡기 위해 꼬리가 길다. 아시아 지역에서 가장 몸집이 큰 공룡이다.

5위 거대 공룡

브라키오사우루스
BRACHIOSAURUS

학명의 뜻	팔 도마뱀
분류	용각류
시대	쥐라기

◆ 능력치 ◆
- 파 워
- 공 격
- 스피드
- 지 능
- 방 어
- 체 격

◆ 특 징 ◆
다른 용각류 공룡들과는 달리 앞다리가 뒷다리보다 훨씬 길다.

거대한 몸높이를 자랑하다!

몸높이 7m
몸길이 26m

6위 거대 공룡

아파토사우루스
APATOSAURUS

꼬리 채찍으로 적을 후려치다!

학명의 뜻	속이는 도마뱀
분류	용각류
시대	쥐라기

◆ 능력치 ◆
- 파 워
- 공 격
- 스피드
- 지 능
- 방 어
- 체 격

◆ 특 징 ◆
몸집이 다부지다. 특히 꼬리 근육이 발달해 긴 꼬리를 휘둘러 적의 공격을 막는다.

몸높이 4.5m
몸길이 21m

거대 공룡 랭킹
5위
6위

7위 거대 공룡

화샤오사우루스
HUAXIAOSAURUS

중국에서 발견된 최대급 조각류!

- **학명의 뜻**: 화샤의 도마뱀
- **분류**: 조각류
- **시대**: 백악기 후기

◆ 능력치 ◆
- 파 워: ●●●●●
- 공 격: ●●●○○
- 스피드: ●●○○○
- 지 능: ●●●●●
- 방 어: ●●●●●
- 체 격: ●●●●●

◆ 특 징 ◆
조각류 중 최대급이다. 마이아사우라 계통의 공룡으로, 최근에 화석이 발견되었다.

몸높이 11m
몸길이 19m

거대 공룡 랭킹 7위 8위

8위 거대 공룡

카마라사우루스
CAMARASAURUS

튼튼한 근육으로 뭉친 꼬리를 뽐내다!

- **학명의 뜻**: 방 도마뱀
- **분류**: 용각류
- **시대**: 쥐라기

◆ 능력치 ◆
- 파 워: ●●●●●
- 공 격: ●●●○○
- 스피드: ●●○○○
- 지 능: ●●●○○
- 방 어: ●●●●○
- 체 격: ●●●●●

◆ 특 징 ◆
머리뼈에 콧구멍이 크게 달려 있다. 다른 용각류에 비해 목과 꼬리가 짧다.

몸높이 4.5m
몸길이 18m

50

9위 거대 공룡 — 암펠로사우루스
AMPELOSAURUS

학명의 뜻	포도나무 도마뱀
분류	용각류
시대	백악기 후기

◆ 능력치 ◆
- 파 워 ●●●●○
- 공 격 ●●○○○
- 스피드 ●○○○○
- 지 능 ●●○○○
- 방 어 ●●●●○
- 체 격 ●●●●○

◆ 특 징 ◆
용각류 중에서는 중형 공룡에 속한다. 목부터 꼬리까지 덮은 갑옷은 뼈로 되어 있다.

가시 돌기로 무장한 갑옷 전사!

몸높이 4m
몸길이 18m

거대 공룡 랭킹

10위 거대 공룡 — 스피노사우루스
SPINOSAURUS

학명의 뜻	가시 도마뱀
분류	수각류
시대	백악기 후기

◆ 능력치 ◆
- 파 워 ●●●●○
- 공 격 ●●●●●
- 스피드 ●●○○○
- 지 능 ●●●○○
- 방 어 ●●○○○
- 체 격 ●●●●●

◆ 특 징 ◆
물고기를 잡아먹는 대형 육식 공룡으로, 티라노사우루스보다도 몸집이 크다.

가장 거대한 육식 공룡!

몸높이 4~5.5m
몸길이 10~14m

1위 에오시놉테릭스
미니 공룡
EOSINOPTERYX

학명의 뜻	새벽녘 중국의 날개
분류	수각류
시대	쥐라기

미니 공룡 랭킹 1위

깃털로 뒤덮인 자그마한 몸
온몸이 복슬복슬한 깃털로 덮여 있어 마치 아기 새와 닮았다.

날개처럼 복슬복슬한 앞다리
앞다리는 날개처럼 생겼지만 날개의 폭이 작고, 발달되지 않아 날지 못한다.

아기 새처럼 작고, 귀여운 공룡!

◆ 크 기 ◆
몸높이 0.1m
몸길이 0.3m

◆ 능력치 ◆
파 워	●○○○○
공 격	●○○○○
스피드	●●●●○
지 능	●●●○○
방 어	●○○○○
체 격	●○○○○

◆ 특 징 ◆
현재까지 발견된 깃털 공룡 중에서 가장 작다. 새처럼 생겼지만, 다리가 길어서 빨리 달릴 수 있다.

2위 모노니쿠스
미니 공룡
MONONYKUS

학명의 뜻	하나의 발톱
분류	용반류
시대	백악기 후기

미니 공룡 랭킹 2위

거대한 발톱
앞발에 하나씩 있는 거대한 발톱이 가장 큰 특징이다. 이 발톱은 약 7.5cm이다.

적을 피하는 빠르고 긴 다리
몸집이 아담하기 때문에 싸움에는 자신이 없지만, 다리가 빨라 요리조리 잘 피해 다닌다.

긴 다리로 적을 빠르게 피하다!

◆ 크 기 ◆
몸높이 0.4m
몸길이 0.7m

◆ 능력치 ◆
- 파 워 🔹🔹⚪⚪⚪
- 공 격 🔹🔹🔹⚪⚪
- 스피드 🔹🔹🔹🔹🔹
- 지 능 🔹🔹🔹⚪⚪
- 방 어 🔹⚪⚪⚪⚪
- 체 격 🔹⚪⚪⚪⚪

◆ 특 징 ◆
작고 가벼운 몸과 긴 다리를 이용해 재빠르게 뛰어다닌다. 주로 곤충과 작은 도마뱀을 사냥한다.

3위 미크로랍토르
미니 공룡
MICRORAPTOR

학명의 뜻	작은 약탈자
분류	수각류
시대	백악기 전기

나무를 옮겨 다니는 숲속의 작은 공룡!

활공하기 적합한 가느다란 몸
활공하기 위해서는 가벼운 몸이 유리하기 때문에 다른 수각류보다 몸이 가늘다.

다리를 덮는 긴 깃털
새와는 달리 뒷다리에도 긴 깃털로 덮여 있어서 날개 역할을 한다.

미니 공룡 랭킹 3위

◆ 크 기 ◆
몸높이 0.3m
몸길이 0.8m

◆ 능력치 ◆
파 워	♦♦◊◊◊
공 격	♦♦◊◊◊
스피드	♦♦♦♦◊
지 능	♦♦♦♦♦
방 어	♦◊◊◊◊
체 격	♦◊◊◊◊

◆ 특 징 ◆
온몸이 깃털로 덮여 있고, 발가락이 작아서 걷지는 못하고 나무 위에서 생활했을 거라고 추측된다.

4위 레아엘리나사우라
미니 공룡
LEAELLYNASAURA

학명의 뜻	레아엘리나의 도마뱀
분류	조각류
시대	백악기 전기

미니 공룡 랭킹 4위

작은 몸에 비해 큰 눈
해가 짧은 곳에서 살기 때문에 어두워도 잘 볼 수 있도록 눈이 발달했다.

추위와 어둠에 강한 소형 공룡!

추위를 이겨 내는 복슬복슬 깃털
온몸에 난 복슬복슬한 깃털 덕분에 매서운 추위에도 끄떡없다.

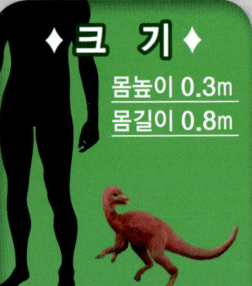

◆크기◆
- 몸높이 0.3m
- 몸길이 0.8m

◆능력치◆
- 파워 ●●○○○
- 공격 ●●○○○
- 스피드 ●●●○○
- 지능 ●●●○○
- 방어 ●○○○○
- 체격 ●○○○○

◆특징◆
오스트레일리아에서 화석이 발견되었다. 춥고 어두운 환경을 이겨 내기 위해 몸이 환경에 알맞게 진화하였다.

5위 미니공룡

카우딥테릭스
CAUDIPTERYX

최고의 육상 선수! 스피드가 빠른

학명의 뜻	꼬리 깃털
분류	수각류
시대	백악기 전기

◆ 능력치 ◆
- 파워 ●●○○○
- 공격 ●●○○○
- 스피드 ●●●●●
- 지능 ●●●○○
- 방어 ●○○○○
- 체격 ●○○○○

◆ 특 징 ◆
앞다리와 꼬리에 깃털이 나 있다. 작은 몸집을 가지고 있으며 새와 닮았다.

몸높이 0.45m
몸길이 0.9m

6위 미니공룡

시노사우롭테릭스
SINOSAUROPTERYX

날카로운 이빨을 뽐내는 작은 싸움꾼!

학명의 뜻	중국 도마뱀 날개
분류	수각류
시대	백악기 전기

◆ 능력치 ◆
- 파워 ●○○○○
- 공격 ●●○○○
- 스피드 ●●●○○
- 지능 ●●●●○
- 방어 ●●○○○
- 체격 ●●○○○

◆ 특 징 ◆
길게 난 꼬리를 제외하고, 몸의 크기만 보면 상당히 작은 공룡이다.

몸높이 0.25m
몸길이 1m

미니 공룡 랭킹

7위 미니 공룡 — 스쿠텔로사우루스
SCUTELLOSAURUS

학명의 뜻	작은 방패 도마뱀
분류	장순아목
시대	쥐라기

♦ 능력치 ♦

- 파워 ●○○○○
- 공격 ●○○○○
- 스피드 ●●●○○
- 지능 ●●○○○
- 방어 ●●●○○
- 체격 ●○○○○

♦ 특 징 ♦
작은 뼈가 난 갑옷으로 덮여 있다. 뒷다리가 길어 두 다리로 걸었을 거라고 추측된다.

갑옷으로 막기보다 도망가는 것이 최선!

몸높이 0.3m
몸길이 1.2m

미니 공룡 랭킹
7위
8위

8위 미니 공룡 — 헤테로돈토사우루스
HETERODONTOSAURUS

학명의 뜻	이빨의 형태가 다른 도마뱀
분류	조각류
시대	쥐라기

♦ 능력치 ♦

- 파워 ●○○○○
- 공격 ●○○○○
- 스피드 ●●●●○
- 지능 ●●●○○
- 방어 ●○○○○
- 체격 ●○○○○

♦ 특 징 ♦
뾰족하고 작은 앞니, 날카로운 엄니와 송곳니 3가지 형태의 이빨을 가지고 있다.

튼튼한 뒷다리로 재빠르게 도망가다!

몸높이 0.4m
몸길이 1.2m

9위 미니공룡 인롱
YINLONG

학명의 뜻	숨겨진 도마뱀
분류	각룡류
시대	쥐라기

◆ 능력치 ◆
- 파 워 ●●○○○
- 공 격 ●●●○○
- 스피드 ●●●○○
- 지 능 ●●●○○
- 방 어 ●●○○○
- 체 격 ●○○○○

◆ 특 징 ◆
지금까지 알려진 각룡류 중 가장 오래된 공룡이다. 몸집은 작고, 뿔이나 프릴이 없다.

뾰족한 뿔이 없는 각룡의 조상!

몸높이 0.4m
몸길이 1.2m

10위 미니공룡 에오랍토르
EORAPTOR

학명의 뜻	새벽의 약탈자
분류	용반류
시대	트라이아스기

◆ 능력치 ◆
- 파 워 ●●○○○
- 공 격 ●●●○○
- 스피드 ●●●●○
- 지 능 ●●○○○
- 방 어 ●○○○○
- 체 격 ●○○○○

◆ 특 징 ◆
가장 오래된 공룡 중 하나이다. 몸집이 작고 똑똑하며, 움직임이 매우 빠르다.

사나운 성격으로 적을 위협하다!

몸높이 0.4m
몸길이 1.5m

미니 공룡 랭킹 9위 10위

시노사우롭테릭스
SINOSAUROPTERYX

- **학명의 뜻**: 중국 도마뱀 날개
- **분류**: 수각류
- **시대**: 백악기 전기

색소 세포 발견
화석의 털에서 색소 세포를 발견하여 화려한 색의 털을 가졌을 거라고 추측된다.

근육이 발달한 뒷다리
뒷다리가 튼튼하고, 발달하여 점프와 달리기를 잘한다.

날쌘 사냥꾼! 먹이를 낚아채는

스피드 공룡 랭킹 1위

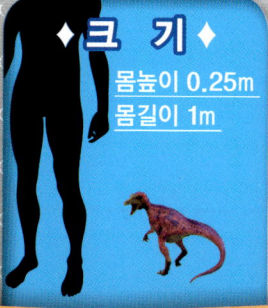

◆ 크 기 ◆
- 몸높이 0.25m
- 몸길이 1m

◆ 능력치 ◆
- 파 워
- 공 격
- 스피드
- 지 능
- 방 어
- 체 격

◆ 특 징 ◆
작지만 점프력이 대단하고, 동작이 재빨라 먹이를 잡는 데 유리하다. 처음으로 깃털의 흔적이 발견되었다.

2위 벨로키랍토르
VELOCIRAPTOR

스피드 공룡

학명의 뜻	날쌘 약탈자
분류	수각류
시대	백악기 후기

스피드 공룡 랭킹 2위

뒷발의 매서운 갈고리발톱
사냥감을 향해 높이 뛰어올라 뒷발의 갈고리발톱으로 찍는다.

빨리 달릴 수 있는 가벼운 몸
몸이 가벼워서 시속 50km의 속도로 매우 빨리 달릴 수 있다.

날카로운 발톱으로 사냥감을 찍는다!

◆ 크 기 ◆
몸높이 0.6m
몸길이 1.8m

◆ 능력치 ◆
파 워	🔴🔴⚪⚪⚪
공 격	🔴🔴🔴⚪⚪
스피드	🔴🔴🔴🔴🔴
지 능	🔴🔴🔴🔴⚪
방 어	🔴🔴🔴⚪⚪
체 격	🔴🔴⚪⚪⚪

◆ 특 징 ◆
키가 약 50~70cm인 소형 육식 공룡이다. 새와 매우 닮았으며, 머리가 똑똑해 동료들과 도와 사냥을 한다.

3위 카우딥테릭스
CAUDIPTERYX

스피드 공룡

학명의 뜻	꼬리 깃털
분류	수각류
시대	백악기 전기

부채 모양의 깃털이 달린 꼬리
꼬리 끝에는 부채 모양의 깃털이 달려 있다. 균형을 잡는 데 사용한다.

스피드 공룡 랭킹 3위

최고의 스피드로 달아나다!

몸집에 비해 길고 큰 뒷다리
몸집에 비해 뒷다리가 길고, 발달했다. 적이 나타나면 쏜살같이 달아난다.

◆ 크기 ◆
몸높이 0.45m
몸길이 0.9m

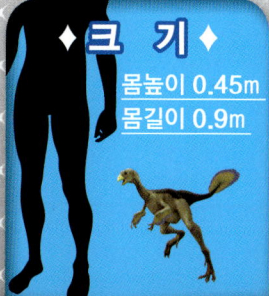

◆ 능력치 ◆
파워	●●○○○
공격	●●○○○
스피드	●●●●○
지능	●●●○○
방어	●○○○○
체력	●●○○○

◆ 특징 ◆
앞다리와 꼬리에 깃털이 나 있다. 몸은 타조처럼 날지 못하는 새와 닮았다. 특히 달리기가 무척 빠르다.

4위 레아엘리나사우라
스피드 공룡
LEAELLYNASAURA

학명의 뜻	레아엘리나의 도마뱀
분류	조각류
시대	백악기 전기

시력이 발달한 큰 눈
커다란 눈을 가졌는데, 어두운 곳에서도 잘 볼 수 있도록 진화한 것이다.

적의 공격을 피하는 빠른 뒷다리
발달된 등과 뒷다리를 이용해 빨리 도망칠 수 있다.

극지방의 작은 초식 공룡!

스피드 공룡 랭킹 4위

◆ 크 기 ◆
- 몸높이 0.3m
- 몸길이 0.8m

◆ 능력치 ◆
파 워	●●○○○
공 격	●●○○○
스피드	●●●●○
지 능	●●●○○
방 어	●○○○○
체 격	●○○○○

◆ 특 징 ◆
오스트레일리아 남동부에서 많은 화석이 발견되었다. 최초 발견자의 딸 이름을 따서 이름이 지어졌다.

5위 스피드 공룡

에오시놉테릭스
EOSINOPTERYX

가장 작은 깃털 공룡!

학명의 뜻	새벽녘 중국의 날개
분류	수각류
시대	쥐라기

◆ 능력치 ◆
- 파 워: ●●●●●
- 공 격: ●●●●●
- 스피드: ●●●●●
- 지 능: ●●●●●
- 방 어: ●●●●●
- 체 격: ●●●●●

◆ 특 징 ◆
크기가 비둘기와 비슷하다. 적이 나타나면 긴 다리로 재빨리 도망친다.

몸높이 0.1m
몸길이 0.3m

6위 스피드 공룡

에오랍토르
EORAPTOR

톱 모양의 이빨로 적을 사냥하다!

학명의 뜻	새벽의 약탈자
분류	용반류
시대	트라이아스기

◆ 능력치 ◆
- 파 워: ●●●●●
- 공 격: ●●●●●
- 스피드: ●●●●●
- 지 능: ●●●●●
- 방 어: ●●●●●
- 체 격: ●●●●●

◆ 특 징 ◆
아르헨티나에서 발견된 잡식 공룡이다. 특히 뒷다리가 길고, 민첩하다.

몸높이 0.4m
몸길이 1.5m

스피드 공룡 랭킹
5위
6위

7위 스피드 공룡

모노니쿠스
MONONYKUS

초강력 발톱으로 적을 찌르다!

학명의 뜻	하나의 발톱
분류	용반류
시대	백악기 후기

◆ 능력치 ◆
- 파 워
- 공 격
- 스피드
- 지 능
- 방 어
- 체 격

◆ 특 징 ◆
앞발에는 거대한 발톱이 하나씩 나 있다. 뒷다리가 발달하여 빨리 달릴 수 있다.

몸높이 0.4m
몸길이 0.7m

8위 스피드 공룡

코엘로피시스
COELOPHYSIS

재빠른 몸놀림으로 적을 습격하다!

학명의 뜻	속이 비어 있는 뼈
분류	수각류
시대	트라이아스기

◆ 능력치 ◆
- 파 워
- 공 격
- 스피드
- 지 능
- 방 어
- 체 격

◆ 특 징 ◆
트라이아스기의 작은 육식 공룡이다. 동료들과 여럿이 무리 지어 사냥한다.

몸높이 0.7m
몸길이 3m

9위 스피드 공룡

헤테로돈토사우루스
HETERODONTOSAURUS

- **학명의 뜻**: 이빨의 형태가 다른 도마뱀
- **분류**: 조각류
- **시대**: 쥐라기

◆ 능력치 ◆
- 파 워 ●●○○○
- 공 격 ●●○○○
- 스피드 ●●●●○
- 지 능 ●●○○○
- 방 어 ●●○○○
- 체 격 ●●○○○

◆ 특 징 ◆
길고 튼튼한 뒷다리 덕분에 적으로부터 재빠르게 도망칠 수 있다.

몸높이 0.4m
몸길이 1.2m

재빠른 다리를 가진 원시 조각류!

10위 스피드 공룡

미크로랍토르
MICRORAPTOR

- **학명의 뜻**: 작은 약탈자
- **분류**: 수각류
- **시대**: 백악기 전기

◆ 능력치 ◆
- 파 워 ●●○○○
- 공 격 ●●○○○
- 스피드 ●●●○○
- 지 능 ●●●○○
- 방 어 ●○○○○
- 체 격 ●●○○○

◆ 특 징 ◆
작은 육식 공룡이다. 달리기는 서툴지만 깃털로 빠르게 나무 사이를 활공한다.

몸높이 0.3m
몸길이 0.8m

나무 사이를 재빠르게 날아다닙니다!

스피드 공룡 랭킹

1위 트로오돈
지능 공룡
TROODON

학명의 뜻	구부러진 이빨
분류	수각류
시대	백악기 후기

발달한 뇌
뇌의 크기는 악어의 6배 정도이다. 지능이 상당히 높은 것으로 추측된다.

튼튼한 갈고리발톱
몸이 날씬한 편이다. 뒷다리에는 튼튼한 갈고리발톱이 있다.

백악기 시대의 두뇌왕!

지능 공룡 랭킹 1위

◆ 크 기 ◆
몸높이 ?m
몸길이 1.5~2m

◆ 능력치 ◆
파워	🔥🔥🪨🪨🪨
공격	🔥🔥🔥🪨🪨
스피드	🔥🔥🔥🔥🪨
지능	🔥🔥🔥🔥🔥
방어	🔥🔥🪨🪨🪨
체격	🔥🪨🪨🪨🪨

◆ 특 징 ◆
뇌의 무게가 무거워 가장 똑똑한 공룡으로 알려져 있다. 똑똑한 머리를 이용해 지능적으로 사냥을 한다.

2위 지능 공룡

벨로키랍토르
VELOCIRAPTORR

몸집은 작지만 영리한 사냥꾼!

몸높이 0.6m
몸길이 1.8m

학명의 뜻	날쌘 약탈자
분류	수각류
시대	백악기 후기

◆ 능력치 ◆
- 파 워 ●●●○○
- 공 격 ●●●●○
- 스피드 ●●●●○
- 지 능 ●●●●●
- 방 어 ●●●○○
- 체 격 ●●○○○

◆ 특 징 ◆
몸은 작지만 몸이 날쌔다. 또한 머리가 좋아 무리를 지어 사냥을 한다.

3위 지능 공룡

데이노니쿠스
DEINONYCHUS

동료와 힘을 합쳐 적을 습격하다!

몸높이 0.8~1m
몸길이 2.5~3.5m

학명의 뜻	무서운 발톱
분류	수각류
시대	백악기 전기

◆ 능력치 ◆
- 파 워 ●●●○○
- 공 격 ●●●●○
- 스피드 ●●●○○
- 지 능 ●●●●●
- 방 어 ●●○○○
- 방 어 ●●○○○
- 체 격 ●●○○○

◆ 특 징 ◆
날렵한 몸과 날카로운 갈고리발톱으로 자신보다 큰 먹잇감도 제압한다.

지능 공룡 랭킹
2위
3위

4위 지능 공룡 유타랍토르
UTAHRAPTOR

뛰어난 지능을 가진 위험한 포식자!

학명의 뜻	유타주의 약탈자
분류	수각류
시대	백악기 전기

◆ 능력치 ◆
- 파 워 ●●●●●
- 공 격 ●●●●○
- 스피드 ●●●●○
- 지 능 ●●●●●
- 방 어 ●●●○○
- 체 격 ●●●○○

몸높이 1.7m
몸길이 6m

◆ 특 징 ◆
뒷발에 난 거대한 갈고리발톱은 매우 강력하다. 무리를 지어 사냥을 한다.

지능 공룡 랭킹

4위
5위

5위 지능 공룡 미크로랍토르
MICRORAPTOR

비행 능력이 뛰어난 작은 도둑!

학명의 뜻	작은 약탈자
분류	수각류
시대	백악기 전기

◆ 능력치 ◆
- 파 워 ●●○○○
- 공 격 ●●○○○
- 스피드 ●●●●○
- 지 능 ●●●●●
- 방 어 ●○○○○
- 체 격 ●●●●○

몸높이 0.3m
몸길이 0.8m

◆ 특 징 ◆
다른 공룡들과 방법은 다르지만 역시 똑똑한 머리를 이용해 사냥을 했다고 알려졌다.

1위 티라노사우루스
TYRANNOSAURUS

물어뜯기 공룡

학명의 뜻	폭군 도마뱀
분류	수각류
시대	백악기 후기

물어뜯는 힘은 세계 최강
튼튼한 턱과 무서운 이빨을 자랑한다. 물어뜯는 힘은 세계 최강이다.

매우 발달한 턱 근육
대형 육식 공룡 중에서도 특히 턱 근육이 발달하여 얼굴이 옆으로 넓다.

뼈째로 씹어 먹는 무시무시한 턱!

물어뜯기 공룡 랭킹 1위

◆크 기◆
몸높이 3.8~4m
몸길이 11~12.5m

◆능력치◆
- 파 워 ●●●●●
- 공 격 ●●●●●
- 스피드 ●●●○○
- 지 능 ●●●○○
- 방 어 ●●●●○
- 체 격 ●●●●●

◆특 징◆
두껍고 튼튼한 턱에는 근육이 많이 붙어 있어 엄청난 파워를 가지고 있다. 낚아챈 먹이는 뼈째로 씹어 먹는다.

2위 물어뜯기 공룡

카르노타우루스
CARNOTAURUS

학명의 뜻	육식 황소
분류	수각류
시대	백악기 전기

물어뜯기 공룡 랭킹 2위

울퉁불퉁 두꺼운 목
목이 두껍고 근육이 울퉁불퉁하다. 먹잇감을 물고 늘어지는 힘이 강하다.

뒷다리보다 훨씬 짧은 앞다리
앞다리는 50cm 정도로 매우 짧아 어떤 용도인지 밝혀지지 않았다.

백악기 시대의 대형 포식자!

◆ 크 기 ◆
몸높이 1.8m
몸길이 8m

◆ 능력치 ◆
- 파 워 ●●●●○
- 공 격 ●●●●○
- 스피드 ●●●○○
- 지 능 ●●●○○
- 방 어 ●●●○○
- 체 격 ●●●○○

◆ 특 징 ◆
턱 근육이 발달하여 씹는 힘이 강하다. 세로로 긴 얼굴은 앞뒤로 짧고, 머리 위에는 황소처럼 작은 뿔이 2개 있다.

3위 인시시보사우루스
물어뜯기 공룡
INCISIVOSAURUS

- **학명의 뜻**: 앞니 도마뱀
- **분류**: 수각류
- **시대**: 백악기 전기

크고 발달한 앞니
위턱의 앞니가 특히 크고, 발달해서 씹는 힘이 강하다.

깃털과 긴 발톱
깃털과 부리가 새와 많이 닮았다. 앞발에는 긴 발톱이 나 있다.

부리를 닮은 강력한 턱!

물어뜯기 공룡 랭킹 **3위**

◆ 크 기 ◆
- 몸높이 0.3m
- 몸길이 1.1m

◆ 능력치 ◆
파 워	🔥🔥⚪⚪⚪
공 격	🔥🔥⚪⚪⚪
스피드	🔥🔥🔥⚪⚪
지 능	🔥🔥🔥🔥⚪
방 어	🔥⚪⚪⚪⚪
체 격	🔥⚪⚪⚪⚪

◆ 특 징 ◆
주둥이 끝에 쥐처럼 커다란 앞니가 났다. 턱의 힘이 강해서 딱딱한 나무 열매도 오독오독 씹어 먹는다.

4위 시아츠
물어뜯기 공룡 SIATS

학명의 뜻	유타주 전설의 괴물
분류	수각류
시대	백악기 후기

물어뜯기 공룡 랭킹 4위

알로사우루스와 닮은꼴
알로사우루스와 비슷해서 입을 크게 벌릴 수 있다. 씹는 힘이 강하다.

갈고리발톱은 제2의 무기
긴 앞발에 난 크고 매서운 갈고리발톱은 사냥이나 싸움에 강력한 무기이다.

백악기의 공룡왕! 씹는 힘이 강한

◆ 크 기 ◆
몸높이 2.7m
몸길이 9m

◆ 능력치 ◆
파 워	●●●●○
공 격	●●●○○
스피드	●●●○○
지 능	●●○○○
방 어	●●●○○
체 격	●●●●○

◆ 특 징 ◆
머리뼈의 형태나 발가락이 3개 달린 앞발 등의 특징 때문에 알로사우루스 계통의 공룡으로 추측된다.

5위 물어뜯기 공룡 알로사우루스
ALLOSAURUS

학명의 뜻	특별한 도마뱀
분류	수각류
시대	쥐라기

◆ 능력치 ◆
- 파 워: 🥚🥚🥚🥚🥚
- 공 격: 🥚🥚🥚🥚🥚
- 스피드: 🥚🥚🥚🥚🥚
- 지 능: 🥚🥚🥚🥚🥚
- 방 어: 🥚🥚🥚🥚🥚
- 체 격: 🥚🥚🥚🥚🥚

◆ 특 징 ◆
다양한 크기의 화석이 발견되었다. 특이한 턱 관절 때문에 입을 크게 벌릴 수 있다.

입을 쩍 벌려 먹잇감을 덥석!

몸높이 1.8~3m
몸길이 7~11m

6위 물어뜯기 공룡 케라토사우루스
CERATOSAURUS

학명의 뜻	뿔이 있는 도마뱀
분류	수각류
시대	쥐라기

◆ 능력치 ◆
- 파 워: 🥚🥚🥚🥚
- 공 격: 🥚🥚🥚🥚
- 스피드: 🥚🥚🥚🥚
- 지 능: 🥚🥚🥚🥚
- 방 어: 🥚🥚🥚🥚
- 체 격: 🥚🥚🥚🥚

◆ 특 징 ◆
작은 뿔이 달린 중형 육식 공룡이다. 자신보다 몸집이 큰 상대도 공격한다.

몸집이 큰 상대도 턱으로 물어뜯는다!

몸높이 1.7~3m
몸길이 6~10m

물어뜯기 공룡 랭킹 5위 6위

7위 물어뜯기 공룡

카르카로돈토사우루스
CARCHARODONTOSAURUS

- 학명의 뜻: 상어 이빨 도마뱀
- 분류: 수각류
- 시대: 백악기 후기

◆ 능력치 ◆
- 파 워: ●●●●●
- 공 격: ●●●●○
- 스피드: ●●●○○
- 지 능: ●●●○○
- 방 어: ●●●●○
- 체 격: ●●●●○

◆ 특 징 ◆
최대급 육식 공룡이다. 날카로운 이빨이 난 턱으로 큰 먹잇감도 잡아먹는다.

티라노사우루스와 맞먹는 최대급 육식 공룡!

몸높이 4m
몸길이 13m

8위 물어뜯기 공룡

콘카베나토르
CONCAVENATOR

- 학명의 뜻: 쿠엔카의 사냥꾼
- 분류: 수각류
- 시대: 백악기 전기

◆ 능력치 ◆
- 파 워: ●●●○○
- 공 격: ●●●●○
- 스피드: ●●●○○
- 지 능: ●●●○○
- 방 어: ●●○○○
- 체 격: ●●●●○

◆ 특 징 ◆
좀 더 후세에 등장하는 대형 육식 공룡인, 카르카로돈토사우루스 계통의 공룡이다.

매서운 스페인 엄니를 가진 사냥꾼!

몸높이 2m
몸길이 6m

9위 물어뜯기 공룡

크리올로포사우루스
CRYOLOPHOSAURUS

적을 공격하다! 날카로운 이빨로

몸높이 1.7m
몸길이 6m

학명의 뜻	차가운 볏을 가진 도마뱀
분류	수각류
시대	쥐라기

◆ 능 력 치 ◆
- 파 워 ●●●●○
- 공 격 ●●●●○
- 스피드 ●●●○○
- 지 능 ●●●○○
- 방 어 ●●●●○
- 체 격 ●●●●○

◆ 특 징 ◆
굵은 뒷다리, 짧은 앞발, 날카로운 이빨과 발톱 등 육식 공룡의 특징을 모두 갖고 있다.

물어뜯기 공룡 랭킹

9위
10위

10위 물어뜯기 공룡

스피노사우루스
SPINOSAURUS

빠른 스피드와 강력한 이빨!

몸높이 4~5.5m
몸길이 10~14m

학명의 뜻	가시 도마뱀
분류	수각류
시대	백악기 후기

◆ 능 력 치 ◆
- 파 워 ●●●●○
- 공 격 ●●●●●
- 스피드 ●●○○○
- 지 능 ●●●○○
- 방 어 ●●○○○
- 체 격 ●●●●○

◆ 특 징 ◆
튼튼한 뒷다리 덕분에 매우 빠른 속도로 사냥할 수 있다. 이빨은 송곳처럼 날카롭다.

트리케라톱스
TRICERATOPS

1위 뿔 공룡

학명의 뜻	3개의 뿔이 달린 얼굴
분류	각룡류
시대	백악기 후기

각룡 중에서 가장 긴 뿔
눈 위에 달린 2개의 뿔은 약 1.8m나 된다. 각룡 중에서 가장 길다.

길고 단단한 뿔로 적을 공격하다!

뿔 공룡 랭킹 1위

큰 머리의 절반을 차지하는 프릴
머리뼈의 길이는 3m나 되는데, 그중 절반은 프릴이 차지한다.

◆ 크 기 ◆
몸높이 2~3m
몸길이 7~10m

◆ 능력치 ◆
파 워	🔥🔥🔥🔥🔥
공 격	🔥🔥🔥🔥⚪
스피드	🔥🔥⚪⚪⚪
지 능	🔥🔥⚪⚪⚪
방 어	🔥🔥🔥⚪⚪
체 격	🔥🔥🔥🔥⚪

◆ 특 징 ◆
각룡류의 대표 공룡이다. 멋진 뿔은 적과 싸울 때 무기로 사용하거나 동료와 힘겨루기를 할 때 사용한다.

2위 스티라코사우루스
STYRACOSAURUS

뿔 공룡

학명의 뜻	긴 가시가 있는 도마뱀
분류	각룡류
시대	백악기 후기

코 위로 치솟은 뿔
코 위로 커다란 뿔 하나가 우뚝 솟아 있다.

코와 프릴에 난 뿔로 완벽 방어를 하다!

뿔 공룡 랭킹 2위

프릴에 달려 있는 여러 개의 뿔
프릴 가장자리에 긴 뿔이 여러 개 솟아 있다. 그 모습이 상당히 화려하다.

◆ 크 기 ◆
몸높이 2m
몸길이 5.5m

◆ 능력치 ◆
- 파 워 ●●●●○
- 공 격 ●●●●○
- 스피드 ●●●○○
- 지 능 ●●●●○
- 방 어 ●●○○○
- 체 격 ●●●●○

◆ 특 징 ◆
북아메리카에서 발견되었다. 트리케라톱스와 비슷하지만 몸집이 더 작고, 눈 위에는 뿔이 없다.

3위 펜타케라톱스
PENTACERATOPS

뿔 공룡

학명의 뜻	뿔이 5개 달린 얼굴
분류	각룡류
시대	백악기 후기

적을 공격하다! 강력한 뿔로

직사각형 모양의 프릴
세로로 긴 프릴을 가지고 있으며, 프릴 주변에는 많은 돌기가 있다.

뿔 공룡 랭킹 3위

앞으로 불쑥 나온 긴 뿔
눈 옆에 달린 뿔은 앞으로 불쑥 나와 있고, 상당히 길어서 무기로 사용한다.

◆ 크 기 ◆
몸높이 2.2~2.4m
몸길이 6~7m

◆ 능력치 ◆
파 워	🔥🔥🔥⚪
공 격	🔥🔥🔥🔥⚪
스피드	🔥🔥⚪⚪⚪
지 능	🔥🔥🔥⚪⚪
방 어	🔥⚪⚪⚪⚪
체 격	🔥🔥🔥🔥🔥

◆ 특 징 ◆
트리케라톱스 계통의 공룡으로 얼굴 정면에 3개, 볼에는 2개의 뿔이 있다. 눈 옆에 난 뿔은 유난히 길고 날카롭다.

4위 나수토케라톱스
NASUTOCERATOPS

뿔 공룡

학명의 뜻	큰 코와 뿔이 있는 얼굴
분류	각룡류
시대	백악기 후기

뿔 공룡 랭킹 4위

물소와 닮은 뿔
물소처럼 눈 옆에 둥글게 휘어진 뿔이 있다.

부채꼴 모양의 작은 프릴
목을 보호하는 프릴은 부채꼴 모양으로 다른 각룡에 비해 매우 작다.

거대한 코와 휘어진 뿔이 위협적이다!

◆ 크 기 ◆
몸높이 1.6m
몸길이 4.5m

◆ 능력치 ◆
파 워 ●●●○○
공 격 ●●●○○
스피드 ●●○○○
지 능 ●●○○○
방 어 ●●●○○
체 격 ●●○○○

◆ 특 징 ◆
미국 유타주에서 발견된 각룡이다. 물소처럼 휘어진 뿔과 코 위가 크게 부풀어 오른 것이 특징이다.

5위 뿔공룡 시노케라톱스
SINOCERATOPS

학명의 뜻 중국의 뿔 공룡
분류 각룡류
시대 백악기 후기

능력치
- 파워 ●●●●◐
- 공격 ●●●●◐
- 스피드 ●●◐◐◐
- 지능 ●●●◐◐
- 방어 ●●●●◐
- 체격 ●●●●◐

특징
중국 산동성에서 발견되었다. 프릴에도 짧은 뿔들이 나 있어 왕관처럼 보인다.

중국에서 발견된 대형 각룡!

몸높이 2.7m
몸길이 9m

뿔 공룡 랭킹 5위 6위

6위 뿔공룡 주니케라톱스
ZUNICERATOPS

학명의 뜻 주니족의 뿔 달린 얼굴
분류 각룡류
시대 백악기 후기

굵고 강력한 뿔로 적에게 돌진하다!

능력치
- 파워 ●●●◐◐
- 공격 ●●●●◐
- 스피드 ●●●◐◐
- 지능 ●●●◐◐
- 방어 ●●●◐◐
- 체격 ●●●◐◐

특징
강력한 뿔이 특징이다. 코 위에 뿔이 없는 것으로 보아 원시 각룡으로 추측된다.

몸높이 1.5m
몸길이 4m

7위 뿔공룡

에이니오사우루스
EINIOSAURUS

거대한 뿔로 들이받다!

학명의 뜻	에이니오족의 도마뱀
분류	각룡류
시대	백악기 후기

◆ 능력치 ◆
- 파 워 ●●●●○
- 공 격 ●●●○○
- 스피드 ●●○○○
- 지 능 ●●●○○
- 방 어 ●●●○○
- 체 격 ●●●○○

◆ 특 징 ◆
코 위에 1개, 프릴에 2개의 뿔이 났다. 거대한 뿔과 프릴은 훌륭한 무기이다.

몸높이 1.7m
몸길이 5m

뿔공룡 랭킹
7위
8위

8위 뿔공룡

파키리노사우루스
PACHYRHINOSAURUS

울퉁불퉁한 혹으로 박치기하다!

몸높이 1.8~2.3m
몸길이 5.5~7m

학명의 뜻	두꺼운 코 도마뱀
분류	각룡류
시대	백악기 후기

◆ 능력치 ◆
- 파 워 ●●●●○
- 공 격 ●●●○○
- 스피드 ●●○○○
- 지 능 ●●○○○
- 방 어 ●○○○○
- 체 격 ●●●○○

◆ 특 징 ◆
뿔은 프릴 중앙과 뒤쪽에 났으며, 코 위에는 울퉁불퉁 혹이 나 있다.

9위 뿔공룡 스티기몰로크
STYGIMOLOCH

가시처럼 난 뿔이 위협적이다!

- **학명의 뜻**: 지옥 강의 악마
- **분류**: 후두류
- **시대**: 백악기 후기

◆ 능력치 ◆
- 파 워: ●●●◯◯◯
- 공 격: ●●●◯◯◯
- 스피드: ●●●●◯◯
- 지 능: ●●◯◯◯◯
- 방 어: ●●●◯◯◯
- 체 격: ●●◯◯◯◯

◆ 특 징 ◆
단단한 머리 주변에 가시처럼 생긴 뿔이 있어 얼굴이 무서워 보인다.

몸높이 ?m
몸길이 1.5~2m

10위 뿔공룡 파키케팔로사우루스
PACHYCEPHALOSAURUS

돌기가 난 머리로 적을 박살 내다!

- **학명의 뜻**: 두꺼운 머리 도마뱀
- **분류**: 후두류
- **시대**: 백악기 후기

◆ 능력치 ◆
- 파 워: ●●●◯◯◯
- 공 격: ●●●◯◯◯
- 스피드: ●●◯◯◯◯
- 지 능: ●●●◯◯◯
- 방 어: ●●◯◯◯◯
- 체 격: ●●◯◯◯◯

◆ 특 징 ◆
돔처럼 봉긋 솟아오른 머리 주변에는 여러 개의 뾰족한 돌기들이 있다.

몸높이 1.2~1.6m
몸길이 3~5m

뿔공룡 랭킹

1위 테리지노사우루스
THERIZINOSAURUS

학명의 뜻	낫 도마뱀
분류	수각류
시대	백악기 후기

거대한 몸집
앞다리가 2m인 것으로 보아 몸길이는 10m 이상일 것이라고 추측된다.

몸을 보호하는 갈고리발톱
70cm나 되는 갈고리발톱으로 몸을 보호한다.

아시아의 기괴한 갈고리발톱!

발톱 공룡 랭킹 1위

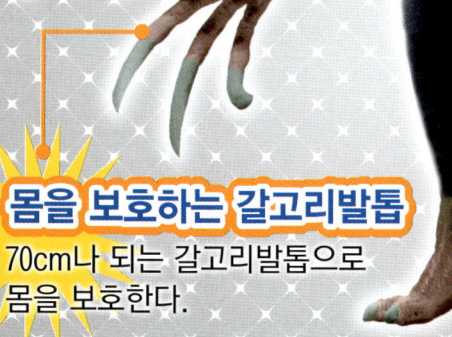

◆ 크 기 ◆
몸높이 5m
몸길이 10m

◆ 능력치 ◆
파 워 ●●●◯◯
공 격 ●●●◯◯
스피드 ●●◯◯◯
지 능 ●●●◯◯
방 어 ●●●◯◯
체 격 ●●●◯◯

◆ 특 징 ◆
앞다리 화석 외에는 발견된 것이 거의 없기 때문에 베일에 싸인 공룡이다. 턱은 부리 모양을 하고 있다.

2위 벨로키랍토르
VELOCIRAPTOR

발톱 공룡

학명의 뜻	날쌘 약탈자
분류	수각류
시대	백악기 후기

발톱 공룡 랭킹 2위

먹이를 잡기 편한 긴 발가락
발가락이 상당히 길어서 먹이를 잡거나 누를 때 유리하다.

위협적인 갈고리발톱
뒷발에 난 뾰족한 갈고리발톱은 적에게 치명적이다.

뾰족한 갈고리발톱으로 먹잇감을 찌르다!

◆ 크 기 ◆

- 몸높이 0.6m
- 몸길이 1.8m

◆ 능력치 ◆
파워	●●●◯◯
공격	●●●●◯
스피드	●●●●●
지능	●●●●●
방어	●●◯◯◯
체격	●●◯◯◯

◆ 특 징 ◆
사나운 소형 육식 공룡이다. 뒷발에 난 크고, 날카로운 갈고리발톱으로 먹잇감의 약점을 찔러 공격한다.

3위 유타랍토르
발톱 공룡
UTAHRAPTOR

학명의 뜻	유타주의 약탈자
분류	수각류
시대	백악기 전기

발톱으로 먹잇감을 찢는 무서운 사냥꾼!

강력한 갈고리발톱
뒷발에 난 갈고리발톱은 크고, 강력하다.

발톱 공룡 랭킹 **3위**

길고 발달한 앞발
앞발은 길고, 발달하여 먹잇감을 잡는 데 유리하다.

◆ 크 기 ◆

몸높이 1.7m
몸길이 6m

◆ 능력치 ◆
파 워	🔥🔥🔥⚪⚪
공 격	🔥🔥🔥🔥⚪
스피드	🔥🔥🔥🔥⚪
지 능	🔥🔥🔥🔥🔥
방 어	🔥🔥⚪⚪⚪
체 격	🔥🔥⚪⚪⚪

◆ 특 징 ◆
데이노니쿠스 계통의 육식 공룡이다. 뒷발에 난 35cm 이상의 갈고리발톱으로 대형 먹잇감도 공격한다.

4위 데이노니쿠스
발톱 공룡
DEINONYCHUS

학명의 뜻	무서운 발톱
분류	수각류
시대	백악기 전기

발톱 공룡 랭킹 4위

몸집에 비해 큰 뇌
작은 몸집에 비해 뇌의 크기가 커서 머리가 좋았을 거라고 추측된다.

갈고리발톱을 보호
13cm나 되는 갈고리발톱을 보호하기 위해 발가락을 위로 든 채 달린다.

공포의 발톱! 고기를 찢는

◆ 크 기 ◆

몸높이 0.8~1m
몸길이 2.5~3.5m

◆ 능력치 ◆
파 워	●●●○○
공 격	●●●●○
스피드	●●●●○
지 능	●●●●○
방 어	●●○○○
체 격	●○○○○

◆ 특 징 ◆
백악기 전기에 서식했던 경량급 사냥꾼이다. 같은 계통 중에서 최초로 완전한 골격이 발견된 공룡이다.

5위 발톱 공룡

데이노케이루스
DEINOCHEIRUS

학명의 뜻: 무서운 손
분류: 수각류
시대: 백악기 후기

능력치
- 파워
- 공격
- 스피드
- 지능
- 방어
- 체격

특징: 최근에 어떤 모습인지 알게 되었다. 가늘고 긴 앞발의 갈고리발톱은 약 25cm이다.

큰 갈고리발톱을 가진 대형 수각류!

몸높이 5m
몸길이 11m

6위 발톱 공룡

모노니쿠스
MONONYKUS

학명의 뜻: 하나의 발톱
분류: 용반류
시대: 백악기 후기

능력치
- 파워
- 공격
- 스피드
- 지능
- 방어
- 체격

특징: 짧은 앞다리에 비해 앞발에 나 있는 거대한 발톱은 튼튼하고, 무척 날카롭다.

초강력 거대한 발톱!

몸높이 0.4m
몸길이 0.7m

발톱 공룡 랭킹

7위 발톱 공룡

오비랍토르
OVIRAPTOR

적을 사냥하다! 매서운 발톱으로

몸높이 0.5~1m
몸길이 1.5~3m

학명의 뜻	알 도둑
분류	수각류
시대	백악기 후기

◆ 능력치 ◆
- 파 워 ●●●○○○
- 공 격 ●●●○○○
- 스피드 ●●●●○○
- 지 능 ●●●●○○
- 방 어 ●●●○○○
- 체 격 ●●●○○○

◆ 특 징 ◆
새처럼 둥지에서 새끼들을 돌본다. 발가락은 얇지만 발톱은 매섭다.

8위 발톱 공룡

이구아노돈
IGUANODON

뾰족한 엄지발톱으로 사납게 공격하다!

몸높이 2~3m
몸길이 7~9m

학명의 뜻	이구아나의 이빨
분류	조각류
시대	백악기 전기

◆ 능력치 ◆
- 파 워 ●●●○○○
- 공 격 ●●○○○○
- 스피드 ●●○○○○
- 지 능 ●●●○○○
- 방 어 ●●●○○○
- 체 격 ●●●●○○

◆ 특 징 ◆
처음으로 화석이 발견된 공룡이다. 앞발 엄지발가락에 뾰족한 발톱이 나 있다.

9위 발톱 공룡

스피노사우루스
SPINOSAURUS

학명의 뜻: 가시 도마뱀
분류: 수각류
시대: 백악기 후기

능력치
- 파워: ●●●●◇
- 공격: ●●●●◇
- 스피드: ●●◇◇◇
- 지능: ●◇◇◇◇
- 방어: ●●●◇◇
- 체격: ●●●●◇

특징: 대형 육식 공룡 중에서는 앞다리가 길고, 갈고리발톱도 큰 편이다.

거대한 앞다리의 갈고리발톱!

몸높이 4~5.5m
몸길이 10~14m

10위 발톱 공룡

바리오닉스
BARYONYX

학명의 뜻: 무거운 발톱
분류: 수각류
시대: 백악기 전기

능력치
- 파워: ●●●●◇
- 공격: ●●●◇◇
- 스피드: ●●●◇◇
- 지능: ●●◇◇◇
- 방어: ●●●◇◇
- 체격: ●●●◇◇

특징: 소화가 덜 된 생선 화석이 같이 발견된 것으로 보아 생선을 먹었을 것이다.

뾰족한 발톱으로 적과 맞서다!

몸높이 2.4m
몸길이 8m

발톱 공룡 랭킹

1위 엄니 공룡: 카르카로돈토사우루스
CARCHARODONTOSAURUS

- 학명의 뜻: 상어 이빨 도마뱀
- 분류: 수각류
- 시대: 백악기 후기

뒷다리보다 짧은 앞다리
앞다리는 짧은 편이지만 티라노사우루스보다는 길다.

끝이 뾰족한 날카로운 엄니
날카로운 엄니로 먹이를 물고, 갈기갈기 찢는다.

엄니 공룡 랭킹 1위

상어 이빨을 닮은 무시무시한 엄니!

◆ 크 기 ◆
- 몸높이 4m
- 몸길이 13m

◆ 능력치 ◆
파워	●●●●◐
공격	●●●●◐
스피드	●●◐◐
지능	●●●◐◐
방어	●●●●◐
체격	●●◐◐

◆ 특 징 ◆
상어 이빨처럼 얇고 날카로운 이빨을 가지고 있다. 가장 큰 이빨은 20cm나 되는데 고기를 찢기에 적합하다.

스피노사우루스
SPINOSAURUS

2위 엄니 공룡

학명의 뜻	가시 도마뱀
분류	수각류
시대	백악기 후기

엄니 공룡 랭킹 **2위**

홈이 나 있는 엄니
엄니에 세로로 홈이 나 있어서 미끄러운 물고기를 잡기에 적합하다.

매서운 엄니로 먹잇감을 놓치지 않는다!

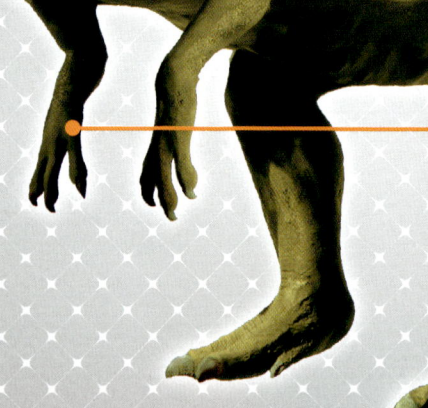

두껍고 긴 앞다리
다른 대형 육식 공룡보다 앞다리가 두껍고 길어서 네 다리로 걸었을 거라는 의견도 있다.

◆ 크 기 ◆
몸높이 4~5.5m
몸길이 10~14m

◆ 능력치 ◆
파 워	●●●●○
공 격	●●●●●
스피드	●●○○○
지 능	●●●○○
방 어	●●●○○
체 격	●●●●○

◆ 특 징 ◆
다부진 체격과 단단한 목, 강력한 턱, 날카로운 이빨이 최대의 무기이다. 물가에서 서식했다고 알려져 있다.

3위 마시아카사우루스
엄니 공룡
MASIAKASAURUS

학명의 뜻	나쁜 도마뱀
분류	수각류
시대	백악기 후기

크고 긴 뒷다리
몸에 비해 뒷다리는 크고 길어서 달리기를 잘한다.

엄니 공룡 랭킹 3위

입 밖으로 튀어나온 앞니
다른 공룡과는 달리 앞니가 입 밖으로 튀어나왔다.

앞으로 돌출된 엄니로 적을 위협하다!

◆ 크 기 ◆
몸높이 0.6m
몸길이 2.1m

◆ 능력치 ◆
파 워	🥚🥚⚪⚪⚪
공 격	🥚🥚🥚⚪⚪
스피드	🥚🥚🥚🥚⚪
지 능	🥚🥚🥚⚪⚪
방 어	🥚⚪⚪⚪⚪
체 격	🥚🥚⚪⚪⚪

◆ 특 징 ◆
백악기에 살았지만 트라이아스기에 살았던 공룡과 닮았다. 주로 작은 동물이나 물고기를 잡아먹는다.

4위 티라노사우루스
엄니 공룡
TYRANNOSAURUS

학명의 뜻	폭군 도마뱀
분류	수각류
시대	백악기 후기

강력한 엄니
약 18cm나 되는 기다란 엄니는 뼈까지 부술 정도로 강력하다.

엄니 공룡 랭킹 4위

뼈까지 부수는 강력한 엄니!

짧은 앞발에 난 갈고리발톱
엄니보다 짧은 갈고리발톱은 어떤 용도인지 알 수 없다.

◆ 크 기 ◆
몸높이 3.8~4m
몸길이 11~12.5m

◆ 능력치 ◆

파 워	●●●●●
공 격	●●●●●
스피드	●●●○○
지 능	●●●●○
방 어	●●●○○
체 격	●●●●○

◆ 특 징 ◆
씹는 힘이 강하기 때문에 그것을 견딜 만큼 엄니도 굵고 튼튼하다. 턱과 이빨이 최대의 무기이다.

5위 엄니 공룡

콘카베나토르
CONCAVENATOR

- **학명의 뜻**: 쿠엔카의 사냥꾼
- **분류**: 수각류
- **시대**: 백악기 전기

◆ 능력치 ◆
- 파워 ●●●◇◇
- 공격 ●●●●◇
- 스피드 ●●●◇◇
- 지능 ●●◇◇◇
- 방어 ●●●◇◇
- 체격 ●●●◇◇

◆ 특 징 ◆
중형 육식 공룡이다. 날카로운 엄니를 무기로 먹잇감을 공격한다.

매서운 엄니가 위협적이다!

몸높이 2m
몸길이 6m

6위 엄니 공룡

알로사우루스
ALLOSAURUS

- **학명의 뜻**: 특별한 도마뱀
- **분류**: 수각류
- **시대**: 쥐라기

◆ 능력치 ◆
- 파워 ●●●●◇
- 공격 ●●●●◇
- 스피드 ●●●◇◇
- 지능 ●●◇◇◇
- 방어 ●●●◇◇
- 체격 ●●●●◇

◆ 특 징 ◆
울퉁불퉁한 엄니가 뒤틀려 있어 먹잇감의 살을 뜯어먹기에 적합하다.

초강력 엄니로 먹잇감의 살을 찢다!

몸높이 1.8~3m
몸길이 7~11m

엄니 공룡 랭킹
5위
6위

7위 엄니 공룡 — 바리오닉스 BARYONYX

학명의 뜻	무거운 발톱
분류	수각류
시대	백악기 전기

◆ 능력치 ◆
- 파 워 ●●●○○
- 공 격 ●●●●○
- 스피드 ●●●○○
- 지 능 ●●●○○
- 방 어 ●●●○○
- 체 격 ●●●○○

◆ 특 징 ◆
스피노사우루스 계통의 공룡이다. 얇고 긴 턱에는 날카로운 엄니가 96개나 있다.

날카로운 엄니가 96개!

몸높이 2.4m
몸길이 8m

8위 엄니 공룡 — 후쿠이랍토르 FUKUIRAPTOR

학명의 뜻	후쿠이의 약탈자
분류	수각류
시대	백악기 전기

◆ 능력치 ◆
- 파 워 ●●●○○
- 공 격 ●●●○○
- 스피드 ●●●○○
- 지 능 ●●●○○
- 방 어 ●●○○○
- 체 격 ●●●○○

◆ 특 징 ◆
알로사우루스 계통의 공룡으로 강력한 엄니를 가졌다. 일본에서 발견되었다.

일본 대표 육식 공룡!

몸높이 1.5m
몸길이 4m

9위 엄니 공룡 — 케라토사우루스
CERATOSAURUS

겁 없이 달려들다! 날카로운 엄니로

몸높이 1.7~3m
몸길이 6~10m

학명의 뜻	뿔이 있는 도마뱀
분류	수각류
시대	쥐라기

◆ 능력치 ◆
- 파 워 ●●●●◯
- 공 격 ●●●●◯
- 스피드 ●●●◯◯
- 지 능 ●●◯◯◯
- 방 어 ●●●◯◯
- 체 격 ●●●●◯

◆ 특 징 ◆
위턱에 난 엄니는 특히 길어서 강력한 무기이다. 자신보다 큰 공룡도 잡아먹는다.

10위 엄니 공룡 — 오르니톨레스테스
ORNITHOLESTES

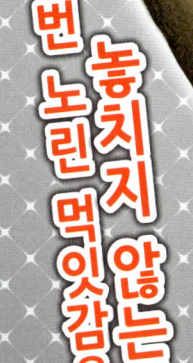

한번 노린 먹잇감은 놓치지 않는다!

몸높이 0.6m
몸길이 2m

학명의 뜻	새 도둑
분류	수각류
시대	쥐라기

◆ 능력치 ◆
- 파 워 ●●◯◯◯
- 공 격 ●●◯◯◯
- 스피드 ●●●◯◯
- 지 능 ●●◯◯◯
- 방 어 ●●◯◯◯
- 체 격 ●●◯◯◯

◆ 특 징 ◆
몸은 새처럼 가볍고 날쌔다. 날카로운 이빨로 먹잇감에 치명적인 상처를 낸다.

엄니 공룡 랭킹 9위 10위

1위 스테고사우루스
꼬리 공룡
STEGOSAURUS

학명의 뜻	지붕 도마뱀
분류	검룡류
시대	쥐라기

느린 발
발이 느려서 적의 공격에 맞서 싸울 수밖에 없다.

가시 달린 꼬리로 맞서 싸우다!

꼬리 공룡 랭킹 1위

몸을 보호하는 튼튼한 꼬리
가시 달린 꼬리는 몸을 보호하는 무기이다.

◆ 크 기 ◆
몸높이 2~2.5m
몸길이 7~9m

◆ 능력치 ◆
파 워	●●●○○
공 격	●●●○○
스피드	●○○○○
지 능	●●○○○
방 어	●●●●○
체 격	●●○○○

◆ 특 징 ◆
꼬리에 달린 4개의 뾰족한 긴 가시와 등에 엇갈리게 난 골판이 특징이다. 몸에 비해 머리가 작다.

105

2위 꼬리 공룡

슈노사우루스
SHUNOSAURUS

학명의 뜻	슈노 도마뱀
분류	용각류
시대	쥐라기

꼬리 공룡 랭킹 2위

꼬리 곤봉을 휘두르며 공격하다!

얼굴 앞쪽에 난 콧구멍
머리는 작고, 콧구멍은 얼굴 앞쪽에 있다.

꼬리 곤봉을 가진 유일한 용각류
용각류 중 꼬리 끝에 곤봉이 달린 공룡은 슈노사우루스가 유일하다.

◆ 크 기 ◆
몸높이 2.6m
몸길이 10m

◆ 능력치 ◆
- 파 워 ●●●●○
- 공 격 ●●●●○
- 스피드 ●●○○○
- 지 능 ●●○○○
- 방 어 ●●●●○
- 체 격 ●●●○○

◆ 특 징 ◆
짧은 목과 긴 꼬리가 특징이다. 특히 망치처럼 단단한 꼬리 곤봉을 이용해 육식 공룡을 상대한다.

3위 안킬로사우루스
꼬리 공룡
ANKYLOSAURUS

- 학명의 뜻: 연결된 도마뱀
- 분류: 곡룡류
- 시대: 백악기 후기

적의 공격을 막아 내는 갑옷
온몸은 딱딱한 갑옷으로 덮여 있어 적의 강력한 공격도 막을 수 있다.

갑옷으로 방어하고 꼬리 망치로 반격!

꼬리 공룡 랭킹 3위

강력한 꼬리 곤봉
망치처럼 딱딱한 꼬리 곤봉으로 적을 물리친다.

◆ 크 기 ◆
- 몸높이 1.8m
- 몸길이 9m

◆ 능력치 ◆
- 파워 ●●●●◦
- 공격 ●●●◦◦
- 스피드 ●◦◦◦◦
- 지능 ●●◦◦◦
- 방어 ●●●●●
- 체격 ●●●●◦

◆ 특 징 ◆
북아메리카에 살았으며 곡룡류 중에서 몸집이 가장 크다. 온몸을 덮고 있는 갑옷은 매우 단단하다.

107

4위 탈라루루스
꼬리 공룡
TALARURUS

- 학명의 뜻: 잘 엮여 올라간 꼬리
- 분류: 곡룡류
- 시대: 백악기 후기

폭이 좁은 몸통
다른 공룡에 비해 몸통의 폭이 좁고, 팔다리도 짧다.

작지만 튼튼한

꼬리 곤봉!

꼬리 공룡 랭킹 4위

작지만 튼튼한 무기
단단한 뼈 뭉치가 달린 꼬리는 작지만, 튼튼해서 무기로 사용한다.

◆ 크 기 ◆
몸높이 1.4m
몸길이 6m

◆ 능력치 ◆
- 파 워 ●●●○○
- 공 격 ●●●●○
- 스피드 ●○○○○
- 지 능 ●●○○○
- 방 어 ●●●●○
- 체 격 ●●○○○

◆ 특 징 ◆
안킬로사우루스 계통의 공룡이다. 다른 공룡들에 비해 몸통의 폭이 좁고, 뼈 뭉치가 달린 꼬리도 작다.

5위 꼬리 공룡 켄트로사우루스
KENTROSAURUS

학명의 뜻	뽀족한 도마뱀
분류	검룡류
시대	쥐라기

◆ 능력치 ◆
- 파 워 ●●●○○
- 공 격 ●●●●○
- 스피드 ●○○○○
- 지 능 ●○○○○
- 방 어 ●●●●○
- 체 격 ●●●○○

◆ 특 징 ◆
꼬리는 몸길이의 반 이상을 차지하는데, 날카로운 가시가 잔뜩 나 있다.

온몸을 덮은 날카로운 가시!

몸높이 1.5m
몸길이 5m

6위 꼬리 공룡 후아양고사우루스
HUAYANGOSAURUS

학명의 뜻	후아양 도마뱀
분류	검룡류
시대	쥐라기

◆ 능력치 ◆
- 파 워 ●●●○○
- 공 격 ●●●○○
- 스피드 ●○○○○
- 지 능 ●○○○○
- 방 어 ●●●○○
- 체 격 ●●●○○

◆ 특 징 ◆
양쪽 어깨에 커다란 가시가 있고, 꼬리 끝에도 4개의 골침이 있다.

꼬리에 난 골침을 사납게 휘두르다!

몸높이 1.2m
몸길이 5~6m

꼬리 공룡 랭킹
5위
6위

109

7위 꼬리 공룡

헤스페로사우루스
HESPEROSAURUS

날카로운 골침으로 위협하다!

몸높이 2m
몸길이 5~6m

학명의 뜻	서부 도마뱀
분류	검룡류
시대	쥐라기

◆ 능력치 ◆
- 파 워: ●●●○○
- 공 격: ●●●○○
- 스피드: ●○○○○
- 지 능: ●●○○○
- 방 어: ●●●○○
- 체 격: ●●●○○

◆ 특 징 ◆
등에는 원형 골판이 10개 이상 나 있다. 꼬리에 달린 골침은 날카롭다.

8위 꼬리 공룡

사이카니아
SAICHANIA

가시로 뒤덮인 무서운 전차!

몸높이 1.2~1.3m
몸길이 5~6m

학명의 뜻	아름다운 것
분류	곡룡류
시대	백악기 후기

◆ 능력치 ◆
- 파 워: ●●●○○
- 공 격: ●●●○○
- 스피드: ●○○○○
- 지 능: ●○○○○
- 방 어: ●●●●●
- 체 격: ●●●○○

◆ 특 징 ◆
꼬리 끝에는 뼈로 된 곤봉을 가지고 있는데 적이 나타나면 꼬리를 휘두른다.

9위 꼬리 공룡

우에르호사우루스
WUERHOSAURUS

백악기까지 살았던 최후의 검룡!

학명의 뜻	우에르호 도마뱀
분류	검룡류
시대	백악기 전기

◆ 능력치 ◆
- 파 워 ●●●○○
- 공 격 ●●●○○
- 스피드 ●○○○○
- 지 능 ●●○○○
- 방 어 ●●●○○
- 체 격 ●●●○○

◆ 특 징 ◆
꼬리에는 4개의 긴 가시가 있고, 등에는 사각형 모양의 골판이 있다.

몸높이 1.7~1.8m
몸길이 6~7m

10위 꼬리 공룡

폴라칸투스
POLACANTHUS

단단한 가시로 무장한 꼬리 공격!

학명의 뜻	많은 가시
분류	곡룡류
시대	백악기 전기

◆ 능력치 ◆
- 파 워 ●●○○○
- 공 격 ●●●○○
- 스피드 ●○○○○
- 지 능 ●●○○○
- 방 어 ●●●●○
- 체 격 ●●○○○

◆ 특 징 ◆
허리 부분에는 가시가 없고, 작은 뼈로 이루어진 판으로 되어 있다.

몸높이 0.8~1m
몸길이 3~4m

꼬리 공룡 랭킹 9위 10위

1위 파라사우롤로푸스
PARASAUROLOPHUS

볏 공룡

학명의 뜻	사우롤로푸스와 비슷한
분류	조각류
시대	백악기 후기

가장 긴 볏
머리 뒤로 뻗은 볏의 길이는 약 1m이다. 공룡의 볏 중에서 가장 길다.

대형 공룡
같은 계통 중에서는 대형 공룡이다. 다부진 몸집에 굵은 꼬리를 가졌다.

볏 공룡 랭킹 1위

기다란 볏으로 적을 위협하다!

◆ 크 기 ◆
몸높이 3~3.5m
몸길이 8~10m

◆ 능력치 ◆
파 워	🩸🩸🩸🔘🔘
공 격	🩸🩸🔘🔘🔘
스피드	🩸🔘🔘🔘🔘
지 능	🩸🩸🩸🔘🔘
방 어	🩸🩸🩸🩸🔘
체 격	🩸🩸🩸🩸🔘

◆ 특 징 ◆
조각류 중에서 가장 긴 볏을 가졌다. 볏 속은 콧구멍까지 연결되어 있는데, 속은 비어 있어서 큰 소리를 낼 수 있다.

딜로포사우루스
DILOPHOSAURUS

학명의 뜻	2개의 볏을 지닌 도마뱀
분류	수각류
시대	쥐라기

암컷을 유혹하는 볏
볏은 암컷을 유혹하기 위한 장식으로, 수컷에게만 달려 있다고 추측된다.

볏 공룡 랭킹 2위

달리기가 빠른 육상 선수
크기에 비해 몸이 가벼워서 시속 40km 정도의 속도로 빨리 달릴 수 있다.

골판으로 이루어진 2개의 볏!

◆크 기◆
몸높이 1.5~1.7m
몸길이 5~7m

◆능력치◆
파 워	●●●○○
공 격	●●●○○
스피드	●●●●○
지 능	●●●○○
방 어	●●●○○
체 격	●●●○○

◆특 징◆
튼튼한 앞발과 뒷발의 날카로운 발톱은 고기를 찢기에 적합하다. 작은 동물, 물고기를 잡아먹는다.

3위 람베오사우루스
LAMBEOSAURUS

볏 공룡

학명의 뜻	람베 도마뱀
분류	조각류
시대	백악기 후기

각기 다른 볏
새끼, 어른, 수컷, 암컷에 따라 볏의 모양이나 크기가 다르다.

어깨부터 부풀어 오른 몸통
이 계통의 공룡은 어깨부터 등 쪽으로 갈수록 몸이 커진다.

볏 공룡 랭킹 3위

도끼 모양의 볏으로 적을 위협하다!

◆ 크 기 ◆
몸높이 3~5m
몸길이 9~14m

◆ 능력치 ◆
파 워	🔥🔥🔥⚪⚪
공 격	🔥🔥🔥⚪⚪
스피드	🔥🔥⚪⚪⚪
지 능	🔥🔥🔥⚪⚪
방 어	🔥🔥⚪⚪⚪
체 격	🔥🔥🔥🔥⚪

◆ 특 징 ◆
머리 위에는 커다란 볏이 2개 있다. 그중 하나는 앞을 향하고, 또 다른 하나는 뒤를 향하고 있는데, 꼭 도끼처럼 보인다.

115

올로로티탄
OLOROTITAN

| 학명의 뜻 | 거대한 백조 |
| 분류 | 조각류 | 시대 | 백악기 후기 |

부채꼴 모양의 근사한 볏
코끝에서 머리 뒤쪽까지 펼쳐지는 볏은 균형이 잘 잡혀 근사하다!

볏 공룡 랭킹 4위

부채꼴 모양의 볏을 가진 공룡!

18개의 목뼈
목뼈가 18개나 있는데, 다른 공룡에 비해 목이 꽤 길었을 거라고 추측된다.

◆ 크 기 ◆
몸높이 3m
몸길이 10m

◆ 능력치 ◆
- 파 워 ●●●○○○
- 공 격 ●●○○○○
- 스피드 ●●●○○○
- 지 능 ●●●●○○
- 방 어 ●●●●○○
- 체 격 ●●●○○○

◆ 특 징 ◆
같은 계통 중에서는 몸집이 크며, 목뼈와 등뼈 개수도 많다. 하지만 특별한 무기가 없어 무리를 지어 몸을 보호한다.

5위 볏 공룡 구안롱 GUANLONG

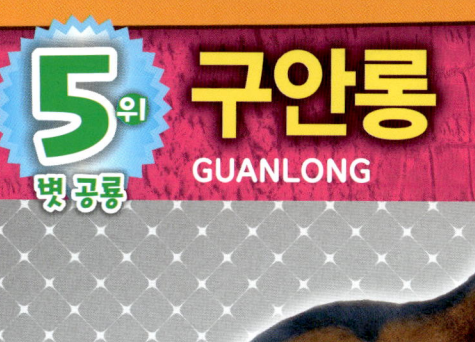

학명의 뜻 관을 쓴 용
분류 수각류
시대 쥐라기

능력치
- 파워 ●●●◆◆
- 공격 ●●●◆◆
- 스피드 ●●◆◆◆
- 지능 ●●◆◆◆
- 방어 ●●●◆◆
- 체격 ●●●◆◆

특징
원시 티라노사우루스 계통이다. 날카로운 엄니는 고기를 뜯어먹기에 알맞다.

화려한 볏을 뽐내다!

몸높이 1.2~1.7m
몸길이 3~5m

6위 볏 공룡 오비랍토르 OVIRAPTOR

학명의 뜻 알 도둑
분류 수각류
시대 백악기 후기

능력치
- 파워 ●●◆◆◆
- 공격 ●●◆◆◆
- 스피드 ●●●◆◆
- 지능 ●●●●◆
- 방어 ●●◆◆◆
- 체격 ●●◆◆◆

특징
새처럼 알을 품었다는 공룡으로 잘 알려져 있다. 볏과 부리가 닭을 닮았다.

닭을 닮은 볏과 부리!

몸높이 0.5~1m
몸길이 1.5~3m

볏 공룡 랭킹

117

7위 사우롤로푸스
SAUROLOPHUS
벗 공룡

학명의 뜻	벗이 있는 도마뱀
분류	조각류
시대	백악기 후기

◆ 능력치 ◆
- 파 워 ●●●○○
- 공 격 ●●●○○
- 스피드 ●●○○○
- 지 능 ●●●○○
- 방 어 ●●●○○
- 체 격 ●●●●○

공포스러운 소리로 적을 위협하다!

몸높이 3~4m
몸길이 9~12m

◆ 특 징 ◆
기다란 머리 뒤에 벗 모양의 돌기가 있다. 무리를 지어 큰 소리를 내 적을 위협한다.

벗 공룡 랭킹
7위
8위

8위 후쿠이사우루스
FUKUISAURUS
벗 공룡

얇은 벗을 가진 일본 공룡!

학명의 뜻	후쿠이 도마뱀
분류	조각류
시대	백악기 전기

◆ 능력치 ◆
- 파 워 ●●○○○
- 공 격 ●●○○○
- 스피드 ●●●○○
- 지 능 ●●●○○
- 방 어 ●●●○○
- 체 격 ●●●○○

몸높이 1.4m
몸길이 5m

◆ 특 징 ◆
일본 후쿠이 현에서 살았던 공룡이다. 코부터 눈 위까지 얇은 벗이 달려 있다.

9위 뿔 공룡 케라토사우루스
CERATOSAURUS

학명의 뜻	뿔이 있는 도마뱀
분류	수각류
시대	쥐라기

◆ 능력치 ◆
- 파워 ●●●●◐
- 공격 ●●●●◐
- 스피드 ●●●◐◐
- 지능 ●●◐◐◐
- 방어 ●●●◐◐
- 체격 ●●●◐◐

◆ 특 징 ◆
쥐라기를 대표하는 중형 육식 공룡이다. 눈 옆에 볏처럼 생긴 뿔이 있다.

강력한 뿔 박치기 공격!

몸높이 1.7~3m
몸길이 6~10m

10위 뿔 공룡 테논토사우루스
TENONTOSAURUS

학명의 뜻	힘줄 도마뱀
분류	조각류
시대	백악기 전기

◆ 능력치 ◆
- 파워 ●●◐◐◐
- 공격 ●●◐◐◐
- 스피드 ●●●◐◐
- 지능 ●●◐◐◐
- 방어 ●●●◐◐
- 체격 ●●●◐◐

◆ 특 징 ◆
이구아노돈 계통의 공룡이다. 코에서 눈에 걸쳐 혹처럼 생긴 볏이 달려 있다.

혹처럼 크게 부풀어 오른 볏!

몸높이 1.7m
몸길이 6.5m

사우롤로푸스
SAUROLOPHUS

학명의 뜻	볏이 있는 도마뱀
분류	조각류
시대	백악기 후기

오리 주둥이처럼 넓게 퍼진 부리
부리 끝은 평평하고 넓게 퍼져 있다. 마치 오리 주둥이처럼 생겼다.

닳으면 새로 나오는 이빨
닳은 이빨은 빠지고, 새 이빨이 아래에서 뚫고 나온다.

부리 공룡 랭킹 1위

오리 주둥이를 닮은 부리!

◆ 크 기 ◆
몸높이 3~4m
몸길이 9~12m

◆ 능력치 ◆
- 파 워 ●●●○○
- 공 격 ●●○○○
- 스피드 ●●○○○
- 지 능 ●●●○○
- 방 어 ●●●○○
- 체 격 ●●●●○

◆ 특 징 ◆
오리 주둥이처럼 생긴 부리와 머리 뒤에 달린 볏 모양의 돌기가 특징이다. 뒷다리가 크고 튼튼하다.

2위 에드몬토사우루스
EDMONTOSAURUS

부리 공룡

학명의 뜻	에드몬토 도마뱀
분류	조각류
시대	백악기 후기

부리 공룡 랭킹 2위

오리너구리와 닮은 부리
오리너구리와 부리가 닮았다고 해서 '오리너구리 공룡'이라고도 불린다.

엄청난 수의 이빨
이빨 수가 매우 많다. 다시 자라날 이빨까지 약 2000개이다.

납작한 얼굴을 가진 귀여운 공룡!

◆ 크 기 ◆
- 몸높이 2.5~3m
- 몸길이 9~11m

◆ 능력치 ◆
- 파 워 ●●●○○
- 공 격 ●●●○○
- 스피드 ●●○○○
- 지 능 ●●●○○
- 방 어 ●●○○○
- 체 격 ●●●○○

◆ 특 징 ◆
오리너구리처럼 생긴 넓적한 부리가 특징이다. 최근 연구에 따르면 볏이 났을 가능성도 있다고 한다.

3위 프로토케라톱스
부리 공룡
PROTOCERATOPS

학명의 뜻	최초의 뿔 얼굴
분류	각룡류
시대	백악기 후기

앵무새의 부리
앵무새처럼 끝이 휘어진 부리는 각룡류에게 자주 보이는 특징이다.

부리 공룡 랭킹 3위

강력한 부리로 물어뜯다!

프릴만 있는 원시 각룡
프릴은 달려 있지만, 아직 몸이 작아서 뿔은 나지 않았다.

◆ 크 기 ◆
몸높이 0.6m
몸길이 2m

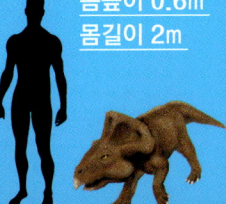

◆ 능력치 ◆
- 파 워 ♦♦◊◊◊
- 공 격 ♦♦◊◊◊
- 스피드 ♦♦◊◊◊
- 지 능 ♦♦♦◊◊
- 방 어 ♦♦♦◊◊
- 체 격 ♦♦◊◊◊

◆ 특 징 ◆
뿔이 없는 각룡류의 공룡이다. 앵무새를 닮은 부리를 가졌으며, 섬유질이 많은 잎이나 씨앗 등을 먹는다.

4위 프시타코사우루스
부리 공룡
PSITTACOSAURUS

학명의 뜻	앵무새 도마뱀
분류	각룡류
시대	백악기 전기

부리 공룡 랭킹 4위

휘어진 부리
휘어진 부리와 볼록한 볼이 다른 각룡과 닮았다. 씹는 힘도 강하다.

앵무새 부리를 닮은 원시 각룡!

튼튼한 뒷다리
앞다리가 매우 작아서 튼튼한 뒷다리로 걷는다.

◆ 크 기 ◆
- 몸높이 0.4~0.6m
- 몸길이 1~2m

◆ 능력치 ◆
파 워	🔥🔥⚪⚪⚪
공 격	🔥🔥⚪⚪⚪
스피드	🔥🔥🔥⚪⚪
지 능	🔥🔥🔥⚪⚪
방 어	🔥⚪⚪⚪⚪
체 격	🔥⚪⚪⚪⚪

◆ 특 징 ◆
프로토케라톱스보다 더 이전 시대에 살았던 원시 각룡이다. 프릴은 없고, 부리는 휘어져 있다.

5위 부리 공룡

파키리노사우루스
PACHYRHINOSAURUS

학명의 뜻: 두꺼운 코 도마뱀
분류: 각룡류
시대: 백악기 후기

능력치
- 파워 ●●●○○
- 공격 ●●●○○
- 스피드 ●●○○○
- 지능 ●●○○○
- 방어 ●●●○○
- 체격 ●●●○○

특징: 코 위에 울퉁불퉁 혹이 나 있어 얼굴이 독특하다. 부리는 휘어졌다.

개성 넘치는 울퉁불퉁한 얼굴!

몸높이 1.8~2.3m
몸길이 5.5~7m

6위 부리 공룡

무타부라사우루스
MUTTABURRASAURUS

학명의 뜻: 무타부라 도마뱀
분류: 조각류
시대: 백악기 전기

능력치
- 파워 ●●○○○
- 공격 ●●○○○
- 스피드 ●●●○○
- 지능 ●●●○○
- 방어 ●●●○○
- 체격 ●●○○○

특징: 오스트레일리아에서 제일 먼저 발견된 공룡 중 하나이다. 코 위에 혹이 부풀어 올라 있다.

부리를 가진 오스트레일리아 공룡!

몸높이 2m
몸길이 7m

부리 공룡 랭킹
- 5위
- 6위

7위 부리 공룡 — 니폰노사우루스
NIPPONOSAURUS

학명의 뜻	일본 도마뱀
분류	조각류
시대	백악기 후기

능력치
- 파워 ●●●○○○
- 공격 ●●●○○○
- 스피드 ●●●○○○
- 지능 ●●○○○○
- 방어 ●●●○○○
- 체격 ●●●○○○

특징: 람베오사우루스 계통의 공룡이다. 부리가 넓적하며 작은 볏을 가졌다.

일본의 오리너구리 공룡!

몸높이 1.5m
몸길이 5m

8위 부리 공룡 — 오우라노사우루스
OURANOSAURUS

학명의 뜻	용감한 도마뱀
분류	조각류
시대	백악기 전기

능력치
- 파워 ●●●○○○
- 공격 ●●●○○○
- 스피드 ●●○○○○
- 지능 ●●●○○○
- 방어 ●●●○○○
- 체격 ●●●○○○

특징: 아프리카에서 발견되었다. 부리는 평평하고 등에는 척추 돌기가 있다.

오리처럼 납작한 주둥이!

몸높이 3m
몸길이 7m

부리 공룡 랭킹 7위 8위

9위 부리 공룡 — 갈리미무스 GALLIMIMUS

깃털 없는 타조 공룡!

- **학명의 뜻**: 닭을 닮은 공룡
- **분류**: 수각류
- **시대**: 백악기 후기

◆ 능력치 ◆
- 파 워
- 공 격
- 스피드
- 지 능
- 방 어
- 체 격

몸높이 1.2~1.8m
몸길이 4~6m

◆ 특 징 ◆
타조를 닮은 공룡 중에서는 몸집이 가장 크다. 달리기가 매우 빠르다.

10위 부리 공룡 — 이구아노돈 IGUANODON

조각류의 대표 공룡!

- **학명의 뜻**: 이구아나의 이빨
- **분류**: 조각류
- **시대**: 백악기 전기

◆ 능력치 ◆
- 파 워
- 공 격
- 스피드
- 지 능
- 방 어
- 체 격

몸높이 2~3m
몸길이 7~9m

◆ 특 징 ◆
작은 머리와 튼튼한 꼬리를 가지고 있다. 부리는 식물을 뜯어먹기에 적합하다.

부리 공룡 랭킹 9위 10위

1위 파키케팔로사우루스
PACHYCEPHALOSAURUS

박치기 공룡

학명의 뜻	두꺼운 머리 도마뱀
분류	후두류
시대	백악기 후기

돔처럼 솟아오른 머리
솟아오른 머리뼈의 두께는 약 20cm이다. 머리 주변에는 뾰족한 돌기들이 있다.

박치기 공룡 랭킹 1위

뾰족뾰족하고 작은 이빨
가늘고 긴 턱에 날카로운 이빨이 나 있다. 작은 동물을 잡아먹는다.

강력한 박치기 공격으로 적을 격파하다!

◆ 크 기 ◆
몸높이 1.2~5m
몸길이 3~5m

◆ 능력치 ◆
파 워	●●●◯◯
공 격	●●●◯◯
스피드	●●●●◯
지 능	●●◯◯◯
방 어	●●●◯◯
체 격	●●◯◯◯

◆ 특 징 ◆
머리뼈가 두꺼운 후두류 중에서는 가장 몸집이 큰 공룡이다. 뒷다리가 발달하여 달리기가 빠르다.

2위 박치기 공룡

스티기몰로크
STYGIMOLOCH

단단한 머리가 위협적이다!

학명의 뜻	지옥 강의 악마
분류	후두류
시대	백악기 후기

◆ 능력치 ◆
- 파 워 ●●○○○
- 공 격 ●●●○○
- 스피드 ●●○○○
- 지 능 ●●●○○
- 방 어 ●●○○○
- 체 격 ●●○○○

◆ 특 징 ◆
두꺼운 머리뼈를 가지고 있으며, 머리에 있는 뿔의 길이는 약 10cm이다.

몸높이 ?m
몸길이 1.5~2m

박치기 공룡 랭킹
2위
3위

3위 박치기 공룡

호말로케팔레
HOMALOCEPHALE

학명의 뜻	평평한 머리
분류	후두류
시대	백악기 후기

◆ 능력치 ◆
- 파 워 ●●○○○
- 공 격 ●●●○○
- 스피드 ●●●○○
- 지 능 ●●●○○
- 방 어 ●●○○○
- 체 격 ●●○○○

◆ 특 징 ◆
머리뼈가 단단해서 박치기에 강하다. 같은 계통의 공룡에 비해 많은 뼈가 발견되었다.

평평하지만 강력한 머리!

몸높이 ?m
몸길이 1.5~3m

4위 박치기 공룡

스테고케라스
STEGOCERAS

학명의 뜻	뿔이 있는 천장
분류	후두류
시대	백악기 후기

◆ 능력치 ◆
- 파워: ●●●○○○
- 공격: ●●●○○○
- 스피드: ●●●●○○
- 지능: ●●●○○○
- 방어: ●●●●○○
- 체격: ●●○○○○

◆ 특징 ◆
강한 충격에도 끄떡없는 두껍고 단단한 머리뼈가 가장 큰 무기이다.

작지만 재빠른 박치기 공룡!

몸높이 0.9~1.2m
몸길이 2~3m

5위 박치기 공룡

고요케팔레
GOYOCEPHALE

학명의 뜻	꾸며진 머리
분류	후두류
시대	백악기 후기

◆ 능력치 ◆
- 파워: ●●●○○○
- 공격: ●●●○○○
- 스피드: ●●●○○○
- 지능: ●●●●○○
- 방어: ●●○○○○
- 체격: ●●○○○○

◆ 특징 ◆
호말로케팔레 계통의 공룡이다. 초식 공룡이지만 육식 공룡 같은 엄니가 있다.

엄니를 가진 박치기 대장!

몸높이 0.7m
몸길이 1.8m

박치기 공룡 랭킹
4위
5위

1위 사이카니아
SAICHANIA

갑옷 공룡

학명의 뜻	아름다운 것
분류	곡룡류
시대	백악기 후기

갑옷과 가시
단단한 갑옷에 날카로운 가시까지 있어 철벽 방어가 가능하다.

배와 다리까지 갑옷으로 무장하다!

갑옷 공룡 랭킹 1위

갑옷으로 덮인 앞다리
등에서 앞다리까지 온몸이 단단한 갑옷으로 덮여 있다.

◆ 크 기 ◆
몸높이 1.2~1.3m
몸길이 5~6m

◆ 능력치 ◆
파워	●●●○○
공격	●●●○○
스피드	●○○○○
지능	●●○○○
방어	●●●●●
체격	●●●●○

◆ 특 징 ◆
대형 안킬로사우루스 계통의 공룡이다. 다리가 짧고, 몸이 납작하다. 적을 만나면 가시가 있는 꼬리를 휘두른다.

폴라칸투스
POLACANTHUS

2위 갑옷 공룡

학명의 뜻	많은 가시
분류	곡룡류
시대	백악기 전기

갑옷 공룡 랭킹 2위

판 모양의 허리 갑옷
커다란 판 모양의 허리 갑옷은 작은 뼈가 모여 딱딱하다.

단단한 허리 갑옷으로 방어하다!

폭이 좁은 얼굴
다른 갑옷 공룡보다 머리 폭과 주둥이 끝이 좁다.

◆ 크 기 ◆
몸높이 0.8~1m
몸길이 3~4m

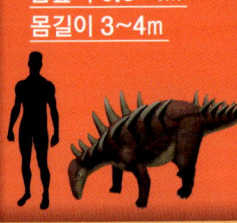

◆ 능력치 ◆
파 워	🔥🔥🔥⚪⚪
공 격	🔥🔥🔥⚪⚪
스피드	🔥⚪⚪⚪⚪
지 능	🔥🔥⚪⚪⚪
방 어	🔥🔥🔥🔥🔥
체 격	🔥🔥🔥⚪⚪

◆ 특 징 ◆
사이카니아 등과는 다른 종류의 갑옷 공룡이다. 등 양쪽에 가시가 있고, 허리는 커다란 판 모양의 갑옷으로 덮여 있다.

3위 안킬로사우루스
갑옷 공룡
ANKYLOSAURUS

학명의 뜻	연결된 도마뱀
분류	곡룡류
시대	백악기 후기

삼각형 머리
머리는 삼각형이다. 턱 끝에는 나뭇잎 모양의 이빨이 나 있다.

7개의 뼈가 합쳐진 꼬리 곤봉
꼬리 끝에 있는 꼬리 곤봉은 7개의 뼈가 합쳐져 곤봉처럼 변형된 것이다.

갑옷 공룡 랭킹 3위

가장 거대한 갑옷 공룡!

♦ 크 기 ♦
몸높이 1.8m
몸길이 9m

♦ 능력치 ♦
파 워	●●●●○
공 격	●●●●○
스피드	●○○○○
지 능	●●○○○
방 어	●●●●●
체 격	●●●●○

♦ 특 징 ♦
곡룡류 중 몸집이 가장 크다. 몸은 갑옷으로 덮여 있고, 머리는 딱딱하다. 꼬리 곤봉이 최고의 무기이다.

4위 사우로펠타
갑옷 공룡
SAUROPELTA

학명의 뜻	방패 도마뱀
분류	곡룡류
시대	백악기 전기

갑옷 공룡 랭킹 4위

자갈처럼 생긴 뼈 갑옷
등은 자갈처럼 생긴 단단한 뼈 갑옷으로 덮여 있다. 가시는 앞쪽에만 있다.

꼬리가 긴 갑옷 공룡
갑옷 공룡 중 몸에 비해 긴 꼬리를 가지고 있다. 다리는 짧고 튼튼하다.

거대한 가시 공격으로 적을 쓰러뜨리다!

◆ 크 기 ◆
몸높이 1.6m
몸길이 6.7m

◆ 능력치 ◆
- 파 워 🔥🔥🔥⚪⚪
- 공 격 🔥🔥🔥🔥⚪
- 스피드 🔥⚪⚪⚪⚪
- 지 능 🔥⚪⚪⚪⚪
- 방 어 🔥🔥🔥🔥⚪
- 체 격 🔥🔥🔥⚪⚪

◆ 특 징 ◆
미국에서 발견된 초식 공룡이다. 목 양쪽으로 크고, 두꺼운 가시가 있는 것이 가장 큰 특징이다.

5위 갑옷 공룡

아구스티니아
AGUSTINIA

두 줄로 늘어선 단단한 가시!

학명의 뜻	아구스틴 도마뱀
분류	용각류
시대	백악기 전기

◆ 능력치 ◆
- 파워 ●●●◎◎
- 공격 ●●◎◎◎
- 스피드 ●◎◎◎◎
- 지능 ●◎◎◎◎
- 방어 ●●●●◎
- 체격 ●●●●◎

◆ 특 징 ◆
등의 피부는 뼈처럼 단단하다. 등에 두 줄로 늘어선 가시로 몸을 보호한다.

몸높이 3m
몸길이 10m

6위 갑옷 공룡

켄트로사우루스
KENTROSAURUS

골판과 가시로 견고하게 방어하다!

학명의 뜻	뾰족한 도마뱀
분류	검룡류
시대	쥐라기

◆ 능력치 ◆
- 파워 ●●●◎◎
- 공격 ●●◎◎◎
- 스피드 ●◎◎◎◎
- 지능 ●●◎◎◎
- 방어 ●●●●●
- 체격 ●●●◎◎

◆ 특 징 ◆
목과 어깨를 따라 2줄로 골판이 있으며, 등 중간부터 꼬리까지는 날카로운 가시가 있다.

몸높이 1.5m
몸길이 5m

갑옷 공룡 랭킹

5위
6위

7위 갑옷 공룡

아마르가사우루스
AMARGASAURUS

길고 매서운 가시로 목을 보호하다!

학명의 뜻	아마르가 도마뱀
분류	용각류
시대	백악기 전기

◆ 능력치 ◆
- 파워 ●●●○○
- 공격 ●●○○○
- 스피드 ●○○○○
- 지능 ●●○○○
- 방어 ●●●○○
- 체격 ●●●●○

◆ 특 징 ◆
목에서부터 등까지 긴 돌기를 가지고 있으며, 이 돌기로 적을 위협한다.

몸높이 3m
몸길이 12m

8위 갑옷 공룡

민미
MINMI

오스트레일리아의 작은 탱크 공룡!

학명의 뜻	민미 도마뱀
분류	곡룡류
시대	백악기 전기

◆ 능력치 ◆
- 파워 ●●○○○
- 공격 ●●○○○
- 스피드 ●○○○○
- 지능 ●●○○○
- 방어 ●●●●○
- 체격 ●●○○○

◆ 특 징 ◆
소형 공룡이지만 온몸이 갑옷으로 덮여 있어 방어에는 빈틈이 없다.

몸높이 0.6m
몸길이 2m

9위 갑옷 공룡 — 가르고일레오사우루스
GARGOYLEOSAURUS

두꺼운 갑옷으로 완전 무장하다!

학명의 뜻	가고일 도마뱀
분류	곡룡류
시대	쥐라기

◆ 능력치 ◆
- 파 워 ●●●
- 공 격 ●●●
- 스피드 ●
- 지 능 ●●
- 방 어 ●●●●
- 체 격 ●●

◆ 특 징 ◆
곡룡류 중에서 가장 오래된 공룡이다. 바닥에 엎드려 적의 공격을 피하기도 한다.

몸높이 0.8m
몸길이 3m

갑옷 공룡 랭킹

10위 갑옷 공룡 — 스켈리도사우루스
SCELIDOSAURUS

학명의 뜻	다리 도마뱀
분류	조각류
시대	쥐라기

◆ 능력치 ◆
- 파 워 ●●
- 공 격 ●
- 스피드 ●●
- 지 능 ●●●
- 방 어 ●●
- 체 격 ●●

◆ 특 징 ◆
등과 꼬리에 갑옷처럼 골편이 많이 붙어 있으며, 튼튼한 꼬리를 가지고 있다.

작은 골편이 매우 강력하다!

몸높이 1m
몸길이 4m

1위 미크로랍토르
깃털 공룡
MICRORAPTOR

학명의 뜻	작은 약탈자
분류	수각류
시대	백악기 전기

온몸에 달린 빳빳한 깃털
앞다리와 뒷다리는 물론, 꼬리에도 빳빳한 깃털이 달려 있다.

작지만 뛰어난 활공 능력
숲을 활공하는 비행 능력이 뛰어나다. 몸집은 작지만 민첩하다.

깃털 공룡 랭킹 1위

날개를 가진 공중 레이서!

◆ 크 기 ◆
몸높이 0.3m
몸길이 0.8m

◆ 능력치 ◆
파 워 🔥🔥☁️☁️☁️
공 격 🔥🔥🔥☁️☁️
스피드 🔥🔥🔥🔥🔥
지 능 🔥🔥🔥🔥☁️
방 어 🔥🔥☁️☁️☁️
체 격 🔥☁️☁️☁️☁️

◆ 특 징 ◆
몸집은 새와 비슷하다. 앞다리와 뒷다리, 꼬리까지 깃털이 달려 있어서 하늘을 활공할 수 있다.

2위 깃털 공룡

유티라누스
YUTYRANNUS

학명의 뜻	깃털 폭군
분류	수각류
시대	백악기 전기

깃털 공룡 랭킹 2위

동물의 털에 가까운 깃털
깃털은 가늘고, 새의 깃털보다는 동물의 털에 더 가깝다.

티라노사우루스와 닮은 육식 공룡
티라노사우루스 계통의 공룡이다. 중국 랴오닝성에서 발견되었다.

가장 거대한 깃털 공룡!

◆ 크 기 ◆
몸높이 2.7m
몸길이 9m

◆ 능력치 ◆
파 워	●●●●◐
공 격	●●●●◐
스피드	●●●◐◐
지 능	●●●◐◐
방 어	●●●◐◐
체 격	●●●●◐

◆ 특 징 ◆
대형 수각류 중에서는 처음으로 깃털 흔적이 발견되었다. 온몸에 깃털이 나 있다고 추측된다.

3위 에오시놉테릭스
깃털 공룡
EOSINOPTERYX

학명의 뜻	새벽녘 중국의 날개
분류	수각류
시대	쥐라기

온몸이 깃털로 덮인 가장 작은 공룡!

새처럼 복슬복슬한 깃털
새처럼 온몸에 깃털이 달려 있던 흔적이 발견되었다.

30cm의 몸길이
몸길이는 30cm 정도로 공룡 중에서 몸집이 가장 작다.

깃털 공룡 랭킹 3위

◆ 크 기 ◆
몸높이 0.1m
몸길이 0.3m

◆ 능력치 ◆
파 워	🔥⚪⚪⚪⚪
공 격	🔥⚪⚪⚪⚪
스피드	🔥🔥🔥⚪⚪
지 능	🔥🔥⚪⚪⚪
방 어	🔥⚪⚪⚪⚪
체 격	🔥⚪⚪⚪⚪

◆ 특 징 ◆
중국 동북부에서 발견된 공룡이다. 특히 바닥에서 걷기에 적합한 발가락을 가지고 있다.

4위 깃털 공룡 — 쿨린다드로메우스
KULINDADROMEUS

학명의 뜻	쿨린다의 레이서
분류	조각류
시대	쥐라기

깃털 공룡 연구에 가능성을 열어 주다!

다양한 종류의 깃털
형태가 다양한 깃털이 머리와 몸을 뒤덮고 있다.

깃털 공룡 랭킹 4위

앞발과 뒷발의 비늘
현재의 새처럼 앞발이나 뒷발 끝에는 깃털이 없고, 그 대신 비늘로 덮여 있다.

◆ 크 기 ◆

몸높이 0.5m
몸길이 1.5m

◆ 능력치 ◆
파 워	🔥🔥⚪⚪⚪
공 격	🔥🔥⚪⚪⚪
스피드	🔥🔥🔥⚪⚪
지 능	🔥🔥🔥⚪⚪
방 어	🔥🔥⚪⚪⚪
체 격	🔥⚪⚪⚪⚪

◆ 특 징 ◆
수각류와 비슷한 깃털이 났다는 사실이 밝혀져 많은 공룡에게 깃털이 있을 가능성이 제기되었다.

5위 깃털 공룡 딜롱
DILONG

꼬리와 턱에 깃털이 있는 황제 공룡!

몸높이 0.5m
몸길이 1.6m

학명의 뜻 황제 공룡
분류 수각류
시대 백악기 전기

◆ 능력치 ◆
- 파 워 ●●○○○
- 공 격 ●●○○○
- 스피드 ●●●○○
- 지 능 ●●○○○
- 방 어 ●●●○○
- 체 격 ●○○○○

◆ 특 징 ◆
백악기 후기에 살았던 티라노사우루스 계통의 공룡이다. 깃털이 있다고 알려졌다.

6위 깃털 공룡 시노사우롭테릭스
SINOSAUROPTERYX

깃털 공룡의 선구자!

몸높이 0.25m
몸길이 1m

학명의 뜻 중국 도마뱀 날개
분류 수각류
시대 백악기 전기

◆ 능력치 ◆
- 파 워 ●○○○○
- 공 격 ●●○○○
- 스피드 ●●●○○
- 지 능 ●●○○○
- 방 어 ●○○○○
- 체 격 ●●○○○

◆ 특 징 ◆
처음으로 공룡 화석에 깃털 흔적이 확인되어, 깃털 공룡의 연구가 시작되었다.

깃털 공룡 랭킹 5위 6위

1위 케찰코아틀루스
최강 하늘 생물
QUETZALCOATLUS

학명의 뜻	날개를 가진 뱀
분류	익룡
시대	백악기 후기

가장 큰 익룡
하늘을 나는 익룡 중에서 몸집이 가장 크다. 날개 길이는 약 12m이다.

날개에 비해 작은 몸
날개 크기에 비해 몸은 작지만, 무게는 200kg이나 나간다.

최강 하늘 생물 랭킹 1위

드넓은 하늘을 나는 거대 괴물!

◆ 크 기 ◆
날개 길이 12m
몸길이 1.5~1.8m

◆ 능력치 ◆
파 워	●●●○○○
공 격	●●●○○○
스피드	●●○○○○
지 능	●●○○○○
방 어	●○○○○○
체 격	●○○○○○

◆ 특 징 ◆
익룡 중 가장 크다. 목은 기린처럼 가늘고 길다. 또한 뾰족한 창처럼 생긴 부리는 최고의 무기이다.

2위 최강 하늘 생물

프테라노돈
PTERANODON

백악기 시대의 **거대 익룡!**

날개 길이 7~9m
몸길이 1.5~1.8m

학명의 뜻	이빨이 없는 날개
분류	익룡
시대	백악기 후기

◆ 능력치 ◆
- 파 워 ●●●○○○
- 공 격 ●●●○○○
- 스피드 ●●●●○○
- 지 능 ●●●○○○
- 방 어 ●●●○○○
- 체 격 ●●○○○○

◆ 특 징 ◆
머리에 길게 솟은 볏이 특징이다. 1000개가 넘는 화석이 발견되었다.

3위 최강 하늘 생물

타페자라
TAPEJARA

화려하고 멋진 볏을 뽐내다!

날개 길이 3~4m
몸길이 1~1.2m

학명의 뜻	오래된 것
분류	익룡
시대	백악기 전기

◆ 능력치 ◆
- 파 워 ●●○○○○
- 공 격 ●●○○○○
- 스피드 ●●●○○○
- 지 능 ●●●○○○
- 방 어 ●●○○○○
- 체 격 ●●○○○○

◆ 특 징 ◆
강력한 무기는 특별히 없지만 하늘을 날 수 있는 것이 가장 큰 장점이다.

4위 최강 하늘 생물 — 람포린쿠스 RHAMPHORHYNCHUS

재빠른 몸으로 적을 습격하다!

- 학명의 뜻: 부리 주둥이
- 분류: 익룡
- 시대: 쥐라기

◆ 능력치 ◆
- 파 워: ●●○○○
- 공 격: ●●○○○
- 스피드: ●●●○○
- 지 능: ●○○○○
- 방 어: ○○○○○
- 체 격: ●○○○○

◆ 특 징 ◆
긴 턱에는 삐쭉삐쭉 날카로운 이빨이 튀어나와 있다. 물고기를 잡아먹는다.

날개 길이 0.4~1.8m
몸길이 0.3~1.5m

최강 하늘 생물 랭킹 4위 5위

5위 최강 하늘 생물 — 프테로다우스트로 PTERODAUSTRO

날카로운 이빨로 먹잇감을 노리다!

- 학명의 뜻: 남쪽 날개
- 분류: 익룡
- 시대: 백악기 전기

◆ 능력치 ◆
- 파 워: ●●○○○
- 공 격: ●●○○○
- 스피드: ●●●○○
- 지 능: ●●●○○
- 방 어: ●○○○○
- 체 격: ●●○○○

◆ 특 징 ◆
긴 부리에는 1000개 이상의 날카로운 이빨이 빗처럼 빼곡하게 줄지어 있다.

날개 길이 1.3m
몸길이 0.5m

엘라스모사우루스
ELASMOSAURUS

- 학명의 뜻: 판 도마뱀
- 분류: 해양 파충류
- 시대: 백악기 후기

최강 바다 생물 랭킹 1위

긴 목을 뻗어 먹잇감을 잡다!

가늘고 긴 목
몸길이의 절반 이상을 차지할 만큼 목이 길다. 목뼈는 70개 이상이다.

지느러미로 진화
물속에서 생활하기 때문에 네 다리는 모두 지느러미로 진화하였다.

◆ 크 기 ◆
- 몸통 너비 1~1.2m
- 몸길이 10~12m

◆ 능력치 ◆
파 워	●●●◯◯
공 격	●●●●◯
스피드	●●◯◯◯
지 능	●●●◯◯
방 어	●●●●◯
체 격	●●●◯◯

◆ 특 징 ◆
바다에서 번성한 해양 파충류이다. 긴 목 덕분에 물고기나 오징어 등 먹이를 쉽게 잡아먹을 수 있다.

2위 리오플레우로돈
LIOPLEURODON

최강 바다 생물

몸통 너비 1.7~3m
몸길이 10~18m

학명의 뜻: 매끈한 면을 가진 이빨
분류: 해양 파충류
시대: 쥐라기

◆ 능력치 ◆
- 파 워 ●●●●○
- 공 격 ●●●●○
- 스피드 ●●●○○
- 지 능 ●●●●○
- 방 어 ●●●○○
- 체 격 ●●●●○

◆ 특 징 ◆
성질이 사납고, 먹는 양이 많아서 닥치는 대로 먹이를 잡아먹는다.

쥐라기에 서식했던 바다의 무법자!

3위 모사사우루스
MOSASAURUS

최강 바다 생물 랭킹 2위 3위

학명의 뜻: 뮤즈의 도마뱀
분류: 해양 파충류
시대: 백악기 후기

◆ 능력치 ◆
- 파 워 ●●●○○
- 공 격 ●●●●○
- 스피드 ●●●○○
- 지 능 ●●●○○
- 방 어 ●●●○○
- 체 격 ●●●●○

◆ 특 징 ◆
바다의 대형 파충류이다. 몸집이 상당히 크며, 딱딱한 조개도 씹어 먹는다.

뱀처럼 구불거리며 헤엄치다!

몸통 너비 1.5m
몸길이 12m

4위 쇼니사우루스
SHONISAURUS

최강 바다 생물

몸통 너비 3~4m
몸길이 22m

가장 거대한 해양 파충류!

학명의 뜻
쇼니 산의 도마뱀

분류	해양 파충류
시대	트라이아스기

◆ 능력치 ◆
- 파 워 ●●●●◇
- 공 격 ●●●◇◇
- 스피드 ●●◇◇◇
- 지 능 ●●●◇◇
- 방 어 ●●●◇◇
- 체 격 ●●●●●

◆ 특 징 ◆
돌고래와 닮았다. 어룡 중 최대 크기를 자랑한다. 거대한 만큼 물고기도 많이 먹는다.

최강 바다 생물 랭킹

5위 크로노사우루스
KRONOSAURUS

최강 바다 생물

학명의 뜻
크로노스 신의 도마뱀

분류	해양 파충류
시대	백악기 전기

◆ 능력치 ◆
- 파 워 ●●●●◇
- 공 격 ●●●●◇
- 스피드 ●●◇◇◇
- 지 능 ●●◇◇◇
- 방 어 ●●●◇◇
- 체 격 ●●●◇◇

닥치는 대로 물고 늘어지다!

몸통 너비 2m
몸길이 10m

◆ 특 징 ◆
입이 크고 이빨의 힘이 티라노사우루스 이상으로 강하다. 머리 크기는 3m 이상이다.

1위 공룡 외 생물

데이노수쿠스
DEINOSUCHUS

학명의 뜻	무서운 악어
분류	파충류
시대	백악기 후기

가장 거대한 고대 악어!

짧은 몸통, 긴 다리
현재의 악어와는 달리 몸통이 짧고, 다리가 길다.

공룡 외 생물 랭킹 1위

육식 공룡도 잡아먹는 악어
악어 중 몸집이 가장 크다. 커다란 육식 공룡을 잡아먹을 만큼 강력하다.

◆ 크 기 ◆
몸높이 1.5m
몸길이 12m

◆ 능력치 ◆
파 워	●●●●○
공 격	●●●●●
스피드	●●○○○
지 능	●●○○○
방 어	●●●○○
체 격	●●○○○

◆ 특 징 ◆
백악기 후기에 살았던 거대 악어이다. 육지와 물속에 사는 동물을 가리지 않고 먹었다고 추측된다.

2위 사우로수쿠스
공룡 외 생물
SAUROSUCHUS

- **학명의 뜻**: 도마뱀 악어
- **분류**: 파충류
- **시대**: 트라이아스기

육식 공룡과 닮은 얼굴
대형 육식 공룡과 닮았다. 턱에는 날카로운 이빨이 빼곡하게 나 있다.

트라이아스기의 절대 강자!

악어보다 긴 다리
현재의 악어보다 다리가 길며, 걷기에 적합하다.

공룡 외 생물 랭킹 2위

◆ 크 기 ◆
- 몸높이 2m
- 몸길이 6~9m

◆ 능력치 ◆
- 파 워 ●●●●○
- 공 격 ●●●●○
- 스피드 ●●●○○
- 지 능 ●●○○○
- 방 어 ●●●●○
- 체 격 ●●●○○

◆ 특 징 ◆
육지에 살았던 악어 계통의 파충류이다. 그 당시에는 공룡이 작기 때문에 트라이아스기의 최강 생물이다.

3위 아르케론
ARCHELON
공룡 외 생물

새의 부리를 닮은 바다거북!

몸통 너비 2m
몸길이 4m

학명의 뜻 원시 거북
분류 파충류
시대 백악기 후기

♦ 능력치 ♦
- 파 워 ●●●○○
- 공 격 ●●●○○
- 스피드 ●●●○○
- 지 능 ●●○○○
- 방 어 ●●●●○
- 체 격 ●●●●○

♦ 특 징 ♦
바다거북과 생김새가 거의 비슷하지만 등딱지는 딱딱하지 않다.

공룡 외 생물 랭킹 3위 4위

4위 아르케옵테릭스
ARCHAEOPTERYX
공룡 외 생물

공룡 시대에 살았던 새의 조상!

몸높이 1m
몸길이 1m

학명의 뜻 고대의 날개
분류 조류
시대 쥐라기

♦ 능력치 ♦
- 파 워 ●●○○○
- 공 격 ●●○○○
- 스피드 ●●●●○
- 지 능 ●●●●○
- 방 어 ●●○○○
- 체 격 ●○○○○

♦ 특 징 ♦
'시조새'라고 불리는 새의 조상이다. 날카로운 이빨과 갈고리발톱이 있다.

157

5위 공룡 외 생물

게로토락스
GERROTHORAX

몸을 납작 엎드려 사냥하다!

학명의 뜻	튼튼한 가슴
분류	양서류
시대	트라이아스기

◆ 능력치 ◆
- 파 워 ★☆☆☆☆
- 공 격 ★★☆☆☆
- 스피드 ★★☆☆☆
- 지 능 ★☆☆☆☆
- 방 어 ★☆☆☆☆
- 체 격 ★☆☆☆☆

◆ 특 징 ◆
도롱뇽과 생김새가 닮았다. 몸이 납작하기 때문에 바닥에 붙어 있으면 찾기 어렵다.

몸높이 0.1m
몸길이 1m

6위 공룡 외 생물

스토마토수쿠스
STOMATOSUCHUS

아프리카의 대형 악어!

학명의 뜻	입 악어
분류	파충류
시대	백악기 후기

◆ 능력치 ◆
- 파 워 ★★★★☆
- 공 격 ★★★☆☆
- 스피드 ★★☆☆☆
- 지 능 ★☆☆☆☆
- 방 어 ★★☆☆☆
- 체 격 ★★★★☆

◆ 특 징 ◆
이빨이 퇴화되어 작은 물고기나 플랑크톤 같은 먹이를 통째로 삼킨다.

몸높이 1.5m
몸길이 11m

7위 공룡 외 생물 — 헤노두스 HENODUS

등딱지로 몸을 보호하는 파충류!

몸높이 0.4m
몸길이 2.1m

학명의 뜻	하나의 이빨
분류	파충류
시대	트라이아스기

◆ 능력치 ◆
- 파 워 ●●◆◆◆
- 공 격 ●●◆◆◆
- 스피드 ●◆◆◆◆
- 지 능 ●◆◆◆◆
- 방 어 ●●●◆◆
- 체 격 ●◆◆◆◆

◆ 특 징 ◆
거북과 닮았지만 거북 계통은 아니다. 등딱지로 몸을 보호한다.

8위 공룡 외 생물 — 프로가노켈리스 PROGANOCHELYS

단단한 등딱지로 방어하다!

몸높이 0.3m
몸길이 1m

학명의 뜻	최초의 거북
분류	파충류
시대	트라이아스기

◆ 능력치 ◆
- 파 워 ●●◆◆◆
- 공 격 ●●◆◆◆
- 스피드 ●◆◆◆◆
- 지 능 ●◆◆◆◆
- 방 어 ●●●◆◆
- 체 격 ●●◆◆◆

◆ 특 징 ◆
움직임은 느리지만, 단단한 등딱지와 목과 꼬리에 난 가시로 몸을 보호한다.

공룡 외 생물 랭킹 7위 8위

1위 둔클레오스테우스
DUNKLEOSTEUS

고생대 최강 생물

학명의 뜻	둔클의 뼈
분류	어류
시대	고생대

단단한 골판
머리를 포함한 몸의 앞부분이 두껍고 단단한 골판으로 덮여 있다.

엄니처럼 생긴 주둥이
이빨은 없지만 주둥이 자체가 엄니처럼 생겨서 먹잇감을 잡기 쉽다.

고생대 최강 생물 랭킹 1위

고생대 바다의 최강 포식자!

◆ 크 기 ◆
몸높이 1.3~1.7m
몸길이 6~8m

◆ 능력치 ◆
파 워 ●●●●●
공 격 ●●●●●
스피드 ●●●●●
지 능 ●●●●●
방 어 ●●●●●
체 격 ●●●●●

◆ 특 징 ◆
고생대 원시 대형 어류이다. 엄니 모양의 주둥이는 턱뼈의 골판이 연장되어 이빨처럼 굳어진 것이다.

2위 아노말로카리스
ANOMALOCARIS

고생대 최강 생물

학명의 뜻	이상한 새우
분류	절지동물
시대	고생대

고생대 최강 생물 랭킹 2위

기이한 모습을 한 바다의 왕!

돌기가 난 커다란 촉수
촉수는 아래로 꺾을 수 있다. 안쪽에는 돌기가 있어서 먹잇감을 잡기 유리하다.

캄브리아기의 거대 생물
일반적으로 몸길이는 약 60cm이지만, 큰 것은 최대 2m인 것도 있다.

◆ 크 기 ◆
몸높이 0.1~0.3m
몸길이 0.6~2m

◆ 능력치 ◆

파 워	●●◯◯◯
공 격	●●●◯◯
스피드	●●◯◯◯
지 능	●◯◯◯◯
방 어	●●●◯◯
체 격	●●◯◯◯

◆ 특 징 ◆
고생대 캄브리아기의 가장 큰 바다 생물이다. 몸 옆에 달린 지느러미로 헤엄을 치고, 촉수로 먹이를 잡는다.

3위 디메트로돈
고생대 최강 생물
DIMETRODON

학명의 뜻	두 종류의 이빨
분류	포유류형 파충류
시대	고생대

두 종류의 이빨
주둥이 앞의 이빨은 크고, 양옆으로 난 이빨은 매우 작다.

체온 조절하는 등지느러미
혈관이 지나가는 등지느러미는 체온 조절 역할을 한다.

고생대 최강 생물 랭킹 3위

눈을 사로잡는 **커다란 등지느러미!**

◆ 크 기 ◆
몸높이 1~2.5m
몸길이 1.7~4m

◆ 능력치 ◆
파 워 ●●●○○○
공 격 ●●●○○○
스피드 ●●○○○○
지 능 ●●○○○○
방 어 ●●●○○○
체 격 ●●○○○○

◆ 특 징 ◆
고생대 페름기의 생물이다. 커다란 등지느러미를 가진 공룡처럼 보이지만, 포유류형 파충류이다.

4위 에스템메노수쿠스
고생대 최강 생물
ESTEMMENOSUCHUS

- 학명의 뜻 : 왕관을 쓴 악어
- 분류 : 포유류형 파충류
- 시대 : 고생대

고생대 최강 생물 랭킹 4위

암컷을 유혹하는 뿔과 돌기
머리에 난 뿔과 볼에 난 돌기는 암컷을 유혹하기 위한 장식이다.

주둥이에 난 날카로운 이빨
날카로운 송곳니 모양의 이빨이 있다.

독특한 뿔을 가진 육지 생물!

◆ 크 기 ◆
- 몸높이 1.3~1.6m
- 몸길이 2.5~3m

◆ 능력치 ◆
파 워	●●●○○○
공 격	●●○○○○
스피드	●●○○○○
지 능	●●●○○○
방 어	●●●○○○
체 격	●●●○○○

◆ 특 징 ◆
디메트로돈보다 더 늦은 시대에 살았던 포유류형 파충류이다. 식물과 작은 파충류를 모두 먹는 잡식성이다.

5위 고생대 최강 생물: 스틸로누루스
STYLONURUS

바닷속을 걸어 다니는 대형 전갈!

몸높이 0.5m
몸길이 1.5m

학명의 뜻	미확인
분류	절지동물
시대	고생대

◆ 능력치 ◆
- 파 워: ♦♦♦
- 공 격: ♦♦
- 스피드: ♦♦
- 지 능: ♦♦♦
- 방 어: ♦♦
- 체 격: ♦♦♦

◆ 특 징 ◆
거미나 전갈에 가까운 계통이다. 긴 다리로 바닷속을 걸어 다니며 먹잇감을 찾는다.

6위 고생대 최강 생물: 레이오노세라스
RAYONNOCERAS

긴 껍질을 가진 대형 연체동물!

몸높이 0.8m
몸길이 6m

학명의 뜻	미확인
분류	연체동물
시대	고생대

◆ 능력치 ◆
- 파 워: ♦♦♦
- 공 격: ♦♦
- 스피드: ♦♦
- 지 능: ♦♦
- 방 어: ♦♦♦♦
- 체 격: ♦♦♦♦

◆ 특 징 ◆
지금도 살아 있는 앵무조개 계통의 연체동물이다. 껍질이 곧고 매우 길다.

고생대 최강 생물 랭킹: 5위 / 6위

디플로카울루스
DIPLOCAULUS

고생대 최강 생물 랭킹 7위

학명의 뜻	2개의 돌기
분류	양서류
시대	고생대

부메랑 얼굴을 가진 양서류!

납작한 삼각형 얼굴
얼굴은 부메랑처럼 삼각형 모양이다. 몸은 도롱뇽과 비슷하다.

4개의 짧은 다리
4개의 다리는 짧고, 발달되지 않았다.

◆ 크 기 ◆

몸높이 0.1m
몸길이 1m

◆ 능력치 ◆
파 워	🔥🔥⚪⚪⚪
공 격	🔥🔥⚪⚪⚪
스피드	🔥🔥⚪⚪⚪
지 능	🔥🔥⚪⚪⚪
방 어	🔥🔥⚪⚪⚪
체 격	🔥⚪⚪⚪⚪

◆ 특 징 ◆
부메랑처럼 생긴 큰 얼굴에 헤엄치기에 알맞은 꼬리가 있다. 몸을 위아래로 움직이면서 헤엄쳤을 거라고 추측된다.

8위 오파비니아
OPABINIA

고생대 최강 생물

몸높이 0.01~0.04m
몸길이 0.07~0.3m

5개의 눈을 가진 괴기 생물!

학명의 뜻: 바위가 많은
분류: 절지동물
시대: 고생대

능력치
- 파워 ●●○○○
- 공격 ●○○○○
- 스피드 ●●○○○
- 지능 ●○○○○
- 방어 ●●○○○
- 체격 ●○○○○

특징
5개의 발달된 눈으로 빛을 쉽게 감지하고, 먹잇감도 쉽게 찾을 수 있다.

고생대 최강 생물 랭킹 8위

9위 도리아스피스
DORYASPIS

고생대 최강 생물

몸높이 0.05m
몸길이 0.15m

학명의 뜻: 창을 가진 등딱지
분류: 어류
시대: 고생대

능력치
- 파워 ●○○○○
- 공격 ●○○○○
- 스피드 ●●●○○
- 지능 ●○○○○
- 방어 ●●○○○
- 체격 ●○○○○

특징
고생대 데본기의 물고기이다. 톱처럼 생긴 돌기로 먹잇감을 찾는다.

톱처럼 생긴 돌기로 먹잇감을 찾다!

고생대 최강 생물 랭킹 9위

매머드
MAMMOTH

1위 신생대 최강 생물

학명의 뜻	대지에서 사는 것
분류	포유류
시대	신생대

빙하기를 대표하는 고대 포유류!

코끼리와 닮은 얼굴
현재의 코끼리와 몸집은 비슷하지만 엄니는 훨씬 크다.

다양한 모습의 매머드
털이 긴 매머드가 유명하지만, 털이 짧거나 몸집이 작은 종류도 있다.

신생대 최강 생물 랭킹 **1위**

◆ 크 기 ◆
몸높이 0.5~4.7m
몸길이 1~9m

◆ 능력치 ◆
파 워	🔥🔥🔥🔥⚪	
공 격	🔥🔥🔥⚪⚪	
스피드	🔥⚪⚪⚪⚪	
지 능	🔥🔥🔥🔥⚪	
방 어	🔥🔥🔥⚪⚪	
체 격	🔥🔥🔥🔥🔥	

◆ 특 징 ◆
신생대에 살았던 코끼리 계통의 포유류이다. 거대한 엄니가 특징이며, 옛 인류에게는 사냥감의 대상이기도 했다.

2위 신생대 최강 생물

스밀로돈
SMILODON

북아메리카 최고의 맹수!

학명의 뜻	칼 이빨
분류	포유류
시대	신생대

◆ 능력치 ◆
- 파 워 ◉◉◉◯◯
- 공 격 ◉◉◉◉◯
- 스피드 ◉◉◉◉◯
- 지 능 ◉◉◉◯◯
- 방 어 ◉◉◉◉◯
- 체 격 ◉◉◉◯◯

◆ 특 징 ◆
호랑이보다 강하고, 무서운 이빨과 턱을 가지고 있다. 엄니 길이는 약 20cm이다.

몸높이 1~1.3m
몸길이 1.8~2.5m

3위 신생대 최강 생물

바실로사우루스
BASILOSAURUS

거대한 몸집을 자랑하는 원시 고래!

학명의 뜻	파충류의 왕
분류	포유류
시대	신생대

◆ 능력치 ◆
- 파 워 ◉◉◉◉◯
- 공 격 ◉◉◉◉◯
- 스피드 ◉◉◉◉◯
- 지 능 ◉◉◉◉◉
- 방 어 ◉◉◉◉◯
- 체 격 ◉◉◉◉◯

◆ 특 징 ◆
몸집이 거대하며, 몸무게는 약 50톤이다. 물고기나 오징어 등을 잡아먹는다.

몸높이 1.5~1.8m
몸길이 20~25m

4위 디아트리마
DIATRYMA

신생대 최강 생물

몸높이 2.1m
몸길이 2.5m

달리기를 잘하는 거대한 새!

학명의 뜻	무서운 학
분류	조류
시대	신생대

◆ 능력치 ◆
- 파 워 ●●○○○
- 공 격 ●●●○○
- 스피드 ●●●●○
- 지 능 ●●○○○
- 방 어 ●●○○○
- 체 격 ●●●○○

◆ 특 징 ◆
날 수는 없지만 빨리 달릴 수 있다. 두껍고 날카로운 주둥이로 먹잇감을 잡는다.

신생대 최강 생물 랭킹

4위

5위 도에디쿠루스
DOEDICURUS

신생대 최강 생물

무서운 꼬리를 가진 아르마딜로!

학명의 뜻	절굿공이 꼬리
분류	포유류
시대	신생대

◆ 능력치 ◆
- 파 워 ●●●○○
- 공 격 ●●●●○
- 스피드 ●○○○○
- 지 능 ●●○○○
- 방 어 ●●●●●
- 체 격 ●●●●○

◆ 특 징 ◆
아르마딜로와 가까운 계통이다. 등딱지는 작은 골판이 모여서 이루어졌다.

5위

몸높이 1.8m
몸길이 4m

171

공룡 지식 파일

공룡의 이름은 어떻게 지을까?

모든 공룡에는 '학명'이라고 불리는 이름을 짓는다. 학명은 세계 공통으로 쓰이는 공룡의 정식 이름이다. 라틴어로 기록한다는 규칙이 있으며, 학명을 지을 권리는 처음으로 화석을 발견하여 정식으로 발표한 사람에게 있다. 화석을 발견한 사람이나 발견한 장소, 몸의 특징을 나타내는 학명이 많지만, 학명 짓는 방법에는 특별한 규칙이 없다. 따라서 전설상에 등장하는 괴물이나 신의 이름을 따서 짓기도 한다. 단, 이름을 붙이려면 '새로운 공룡'이라는 확인이 필요하기 때문에 화석이 발견되고 나서 15년 후에 겨우 이름이 정해진 공룡도 있다.

다양한 방법으로 짓는 공룡 이름

▶ 발견된 장소나 발견자의 이름에서 딴 이름
- 아구스티니아 → 아구스틴 도마뱀
- 니폰노사우루스 → 일본 도마뱀
- 유타랍토르 → 유타주의 약탈자

▶ 몸의 특징에서 딴 이름
- 이구아노돈 → 이구아나의 이빨
- 데이노니쿠스 → 무서운 발톱
- 트리케라톱스 → 3개의 뿔이 달린 얼굴

▶ 신이나 전설의 괴물에서 딴 이름
- 가르고일레오사우루스 → 가고일 도마뱀
- 사우로포세이돈 → 포세이돈의 도마뱀
- 스티기몰로크 → 지옥 강의 악마

아프리카

오래전부터 화석이 발굴된 곳이다. 카르카로돈토사우루스, 스피노사우루스 등 진화한 대형 공룡이 발견되었다.

모로코
카르카로돈토사우루스

니제르
오우라노사우루스

이집트
스피노사우루스

탄자니아
케라토사우루스
켄트로사우루스
브라키오사우루스

남아프리카공화국
헤테로돈토사우루스

마다가스카르
마시아카사우루스

공룡 화석 발견 지도 · 아프리카

유럽

화석을 좋아하는 영국인이 이구아노돈의 이빨 화석을 발견하였다. 이것이 세계 처음으로 발견한 공룡 화석이다.

독일
게로토락스
프로가노켈리스
헤노두스
람포린쿠스

영국
스켈리도사우루스
바리오닉스
폴라칸투스
리오플레우로돈

네덜란드
모사사우루스

벨기에
이구아노돈

프랑스
암펠로사우루스

스페인
이구아노돈
콘카베나토르

공룡 화석 발견 지도 · 유럽

아시아

최근 중국에서는 발굴 조사가 활발해 처음으로 깃털 공룡의 화석이 발견되었다. 몽골과 일본에서도 화석이 발견되고 있다.

공룡 화석 발견 지도 · 아시아

러시아
올로로티탄
쿨린다드로메우스
니폰노사우루스

일본
후쿠이사우루스
후쿠이랍토르

중국 1
인롱
우에르호사우루스
벨로키랍토르
오비랍토르
구안롱
슈노사우루스
후아양고사우루스
마멘키사우루스

몽골
벨로키랍토르
갈리미무스
고요케팔레
사이카니아
탈라루루스
데이노케이루스
테리지노사우루스
프로토케라톱스

타이
프시타코사우루스

중국 2
인시시보사우루스
에오시놉테릭스
카우딥테릭스
시노사우롭테릭스
딜로포사우루스
딜롱
화샤오사우루스
미크로랍토르
유티라누스

오세아니아

다른 대륙과 떨어져 있기 때문에 특이한 공룡이 많이 발견되었다. 많지는 않지만 남극에서도 화석이 발견되었다.

오스트레일리아 1
크로노사우루스
무타부라사우루스

오스트레일리아 3
민미

오스트레일리아 2
레아엘리나사우라

남극
크리욜로포사우루스

공룡 화석 발견 지도 · 오세아니아

북아메리카

많은 연구자가 모여 발굴 조사를 하고 있는 공룡 연구의 중심지이다. 다양한 공룡 화석이 발견되었다.

공룡 화석 발견 지도 ○ 북아메리카

캐나다
- 안킬로사우루스
- 샤스타사우루스
- 스티라코사우루스
- 스테고케라스
- 티라노사우루스
- 트리케라톱스
- 파키케팔로사우루스
- 파키리노사우루스

미국 1
- 아르케론
- 아파토사우루스
- 에이니오사우루스
- 엘라스모사우루스
- 오르니톨레스테스
- 가르고일레오사우루스
- 사우로펠타
- 스테고사우루스
- 데이노수쿠스
- 데이노니쿠스
- 테논토사우루스
- 트로오돈

미국 2
- 알로사우루스
- 에드몬토사우루스
- 카마라사우루스
- 케찰코아틀루스
- 코엘로피시스
- 사우로포세이돈
- 시아츠
- 스쿠텔로사우루스
- 주니케라톱스
- 나수토케라톱스
- 프테라노돈
- 헤스페로사우루스
- 유타랍토르

멕시코
- 파라사우롤로푸스
- 펜타케라톱스
- 람베오사우루스

남아메리카

최근에 와서 공룡 화석 조사가 더 활발히 이루어지고 있다. 특히 아르헨티나에서는 신종 공룡이 연달아 발견되었다.

브라질
타페자라

아르헨티나
아구스티니아
아마르가사우루스
아르젠티노사우루스
에오랍토르
카르노타우루스
사우로수쿠스
프테로다우스트로

공룡 화석 발견 지도 · 남아메리카

공룡 용어 사전

이 책에 나오는 공룡 용어 중
알아 두면 도움이 되는 용어들을 소개한다.

 ### 각룡류
후두류와 함께 '주식두류'에 속하는 공룡이다. 큰 머리에는 뿔이 났으며 머리 뒤에는 프릴이 달린 공룡이 많다. 그러나 원시 각룡류에는 뿔이나 프릴이 없는 공룡도 있다.

 ### 갑옷 공룡
'장순아목'에 속하는 검룡류, 곡룡류를 통틀어 '갑옷 공룡'이라고 한다.
온몸이 뼈로 된 골판, 골편, 가시 등으로 튼튼하게 무장되어 있다. 꼬리에 뼈 뭉치 같은 무기를 가진 공룡도 있다.

 ### 검룡류
등에 커다란 골판이 있는 공룡 계통이다. 꼬리에 날카로운 가시가 난 공룡도 있다. 곡룡류와 같이 '장순아목' 그룹에 포함된다.

 ### 깃털
새의 몸에 난 털을 말하며, 체온을 유지하는 역할을 한다. 깃털이 난 흔적이 있는 공룡 화석이 발견된 덕분에 최근에는 많은 공룡의 몸에 깃털이 났다는 추측을 하게 되었다.

 ### 몸길이
공룡의 머리뼈 끝에서 꼬리뼈 끝까지의 길이를 말한다.

 ### 몸높이
'공룡의 키'이다. 이 책에서는 공룡이 자연스럽게 섰을 때 땅에서부터 가장 높은 부분까지의 길이를 몸높이로 정했다.
단, 익룡은 날개를 펼쳤을 때의 길이를 나타내는 '날개 길이', 해양 파충류는 몸통의 두께를 나타내는 '몸통 너비'를 실었다.

 ### 양서류
개구리나 도롱뇽 등이 이 그룹에 속한다. 부드러운 피부를 가졌으며 껍데기가 없는 알을 낳는다. 대부분 강이나 호수 등 물가에 살았다.

 파충류
도마뱀이나 뱀, 악어, 거북 등이 이 그룹에 속한다. 껍데기가 있는 알을 낳는 것이 특징이다. 공룡도 파충류에서 진화했다고 알려졌다.

 포유류
알이 아니라 새끼를 낳고 젖으로 키우는 것이 특징이다. 자신의 체온을 어느 정도 유지할 수 있고, 주변의 온도 변화에 강하다. 공룡이 멸종한 후에 번성했다.

 학명
학자가 지은 생물의 정식 이름을 말한다. 모든 공룡은 학명으로 불린다.

 해양 파충류
바다에서 사는 파충류로 물속에서 생활하기에 알맞게 진화했다. 아가미가 없기 때문에 주기적으로 물 밖으로 나와 호흡을 해야 한다.

 화석
뼈나 이빨, 조개껍데기 등 생물의 몸 중 단단한 부분이 오랜 시간을 거쳐 돌로 변한 것이다. 피부나 깃털처럼 몸의 부드러운 부분은 화석이 되기 전에 사라지는 일이 많다. 그러나 아주 드물게 이러한 부분의 형태가 남아 있는 화석이 발견되기도 하는데, 깃털 공룡의 화석도 그중 하나이다.

 후두류
머리뼈가 두껍고 헬멧처럼 단단한 공룡 계통이다. 머리뼈가 동그랗게 부풀어 오른 공룡과 평평한 공룡이 있다.

공룡 용어 사전

공룡 색인

이 책에 등장하는 공룡들을 이름 순서대로 정리했다.
페이지를 찾아가면 공룡의 특징과 모습을 확인할 수 있다.

가르고일레오사우루스 ---- 139

갈리미무스 ---- 127

게로토락스 ---- 158

고요케팔레 ---- 131

구안롱 ---- 117

나수토케라톱스 ---- 84

니폰노사우루스 ---- 126

데이노니쿠스 ---- 70, 92

데이노수쿠스 ---- 155

데이노케이루스 ---- 93

도리아스피스 ---- 167

도에디쿠루스 ---- 171

둔클레오스테우스 ---- 161

디메트로돈 ---- 163

디아트리마 ---- 171

디플로도쿠스 ---- 46

디플로카울루스 ---- 166

딜로포사우루스 ---- 114

딜롱 ---- 145

람베오사우루스 ---- 115

람포린쿠스 ---- 149

레아엘리나사우라 ---- 56, 64

레이오노세라스 ---- 165

리오플레우로돈 ---- 152

마멘키사우루스 ---- 48

마시아카사우루스 ---- 99

매머드 ---- 169

모노니쿠스 ---- 54, 66, 93

모사사우루스 ---- 152

무타부라사우루스 ---- 125

미크로랍토르 ---- 55, 67, 71, 141

민미 ---- 138

바리오닉스 ---- 43, 95, 102

바실로사우루스 ---- 170

182

벨로키랍토르 ---- 62, 70, 90
브라키오사우루스 ---- 32, 49

사우로수쿠스 ---- 156
사우로펠타 ---- 136
사우로포세이돈 ---- 45
사우롤로푸스 ---- 118, 121
사이카니아 ---- 34, 110, 133
쇼니사우루스 ---- 153
슈노사우루스 ---- 106
스밀로돈 ---- 170
스켈리도사우루스 ---- 139
스쿠텔로사우루스 ---- 58
스테고사우루스 ---- 30, 105
스테고케라스 ---- 131
스토마토수쿠스 ---- 158
스티기몰로크 ---- 87, 130
스티라코사우루스 ---- 82
스틸로누루스 ---- 165
스피노사우루스 - 41, 51, 79, 95, 98
시노사우롭테릭스 -- 57, 61, 145
시노케라톱스 ---- 85
시아츠 ---- 38, 76

아구스티니아 ---- 137
아노말로카리스 ---- 162
아르젠티노사우루스 ---- 47
아르케론 ---- 157
아르케옵테릭스 ---- 157
아마르가사우루스 ---- 138
아파토사우루스 ---- 49
안킬로사우루스 ---- 107, 135
알로사우루스 ---- 39, 77, 101
암펠로사우루스 ---- 51
에드몬토사우루스 ---- 122
에스템메노수쿠스 ---- 164
에오랍토르 ---- 59, 65
에오시놉테릭스 ---- 53, 65, 143
에이니오사우루스 ---- 86
엘라스모사우루스 ---- 151
오르니톨레스테스 ---- 103
오비랍토르 ---- 94, 117
오우라노사우루스 ---- 126
오파비니아 ---- 167
올로로티탄 ---- 116
우에르호사우루스 ---- 111
유타랍토르 ---- 71, 91
유티라누스 ---- 142
이구아노돈 ---- 94, 127
인롱 ---- 59
인시시보사우루스 ---- 75

공룡 색인

주니케라톱스 ---- 85

카르노타우루스 ---- 41, 74
카르카로돈토사우루스 -- 40, 78, 97
카마라사우루스 ---- 50
카우딥테릭스 ---- 57, 63
케라토사우루스 - 42, 77, 103, 119
케찰코아틀루스 ---- 147
켄트로사우루스 ---- 109, 137
코엘로피시스 ---- 66
콘카베나토르 ---- 42, 78, 101
쿨린다드로메우스 ---- 144
크로노사우루스 ---- 153
크리올로포사우루스 ---- 43, 79

타페자라 ---- 148
탈라루루스 ---- 108
테논토사우루스 ---- 119
테리지노사우루스 ---- 89
트로오돈 ---- 69
트리케라톱스 ---- 28, 81
티라노사우루스 ---- 26, 37, 73, 100

파라사우롤로푸스 ---- 113
파키리노사우루스 ---- 86, 125
파키케팔로사우루스 ---- 87, 129
펜타케라톱스 ---- 83
폴라칸투스 ---- 111, 134
프로가노켈리스 ---- 159
프로토케라톱스 ---- 123
프시타코사우루스 ---- 124
프테라노돈 ---- 148
프테로다우스트로 ---- 149

헤노두스 ---- 159
헤스페로사우루스 ---- 110
헤테로돈토사우루스 ---- 58, 67
호말로케팔레 ---- 130
화샤오사우루스 ---- 50
후아양고사우루스 ---- 109
후쿠이랍토르 ---- 102
후쿠이사우루스 ---- 118